레오파르디 시집

노래들

나남

한국연구재단 학술명저번역총서
서양편 461

노래들: 레오파르디 시집

2025년 7월 5일 초판 발행
2025년 7월 5일 초판 1쇄

지은이   자코모 레오파르디
옮긴이   김운찬
발행자   趙相浩
발행처   (주)나남
주소   10881 경기도 파주시 회동길 193
대표전화   (031) 955-4601
FAX   (031) 955-4555
등록   제1-71호(1979.5.12.)
홈페이지   http://www.nanam.net
전자우편   post@nanam.net

ISBN   978-89-300-4204-8
            978-89-300-8215-0 (세트)

책값은 뒤표지에 있습니다.

이 책은 2022년 대한민국 교육부와 한국연구재단이 우리 시대 기초학문의 부흥을 위해 펼치는 학술명저번역사업의 지원을 받은 책입니다(2022S1A5A7079861).

한국연구재단
학술명저번역총서
461

레오파르디 시집
노래들

자코모 레오파르디 지음

김운찬 옮김

나남
nanam

Canti

by

Giacomo Leopardi

지노 산드리(Gino Sandri), 〈자코모 레오파르디〉, 1923.

자코모 레오파르디(1798~1837)는 19세기 이탈리아를 대표하는 시인이자 사상가이다. 그는 인간 존재의 유한성과 고통, 자연의 침묵을 정면으로 응시하며 철학적으로 사유하고, 이를 시의 언어로 형상화했다. 병약한 신체와 고립된 삶 속에서도 절망을 아름다움으로 승화시킨 레오파르디는 단테 이후 가장 위대한 시인 중 한 명으로 평가받는다. 지노 산드리의 석판화는 사유 속에 침잠한 시인의 내면을 어둠의 여백으로 담아냈다.

레카나티의 타보르 언덕(일명 '무한의 언덕')

왼쪽은 스타니슬라오 페라치(Stanislao Ferrazzi), 〈자코모 레오파르디의 초상〉, 1897.
오른쪽은 레카나티에 위치한 레오파르디 생가의 도서관.

보수적이고 봉건적인 권위가 지배하던 고향 레카나티에서, 레오파르디는 계몽주의·자유주의의 시대적 흐름과 단절된 채 지적으로 고립된 삶을 견뎌야 했다. 10대 초반에 이미 각종 고전어와 근대 유럽어에 통달한 그는 가정교사들마저 감당하지 못한 학구열로 아버지의 도서관에 스스로를 가둔 채, '절망적이고 미친 듯한 공부'에 몰두했다. 그는 평생토록 운명 같은 고독 속에서 자신만의 길을 찾아 나섰다.

〈무한〉의 친필 원고.

레오파르디는 1819년, 스무 살 무렵에 대표작 〈무한〉을 집필했다. 고향 레카나티의 언덕에 앉아 무한한 공간과 침묵을 응시한 경험은, 질병과 고립 속에서 심화된 그의 사유가 시로 응축되는 계기가 되었다. 이 작품은 유한한 인간이 무한을 마주할 때 느끼는 경외와 인간존재에 대한 성찰을 간결하면서도 밀도 높게 형상화해 냈다. 〈무한〉은 레오파르디 시 세계의 전환점이자 서정시의 정수로 간주되며, 오늘날에도 널리 애송되고 있다.

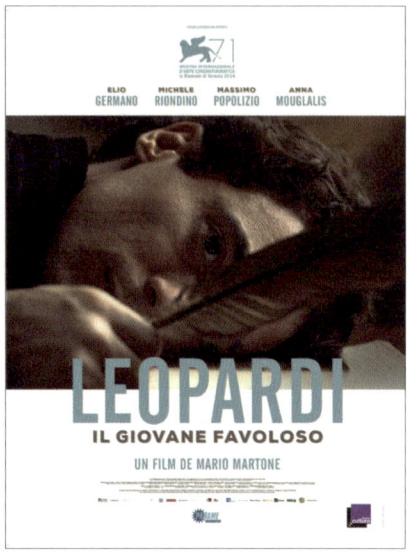

왼쪽 위부터 시계 방향으로 '레오파르디 강연회'(2025),
〈환상적인 청년〉(2014), 〈레오파르디-무한의 시인〉(2024)의 포스터.

자코모 레오파르디는 이탈리아인들이 지금까지도 깊이 사랑하는 시인이다. 그의 시와 사유는 시대를 넘어 수많은 이들에게 영감을 주며, 문학과 영화, 드라마, 강연, 책 등을 통해 계속해서 새롭게 조명받고 있다. 그러한 가운데 레오파르디의 작품은 여전히 오늘의 언어로 다시 읽히고, 고독과 고통을 지성으로 견뎌 낸 그의 삶 역시 사람들의 기억 속에 살아 숨 쉰다.

옮긴이 머리말

한국연구재단에서 지원을 받아 자코모 레오파르디(Giacomo Leopardi, 1798~1837)의《노래들》(Canti)을 우리나라에 처음으로 번역하고 소개하게 되어 기쁘다. 레오파르디는 근대 이탈리아의 가장 위대한 시인이자 철학자로, 유럽 지성계에서도 널리 인정되는 천재적 인물이었다. 고전과 낭만의 경계에서 어디에도 속하지 않는 자신만의 세계를 만들어 낸 시인이기도 하다. 길지 않은 생을 살다 갔음에도 레오파르디는 여전히 이탈리아인들이 제일 사랑하는 시인 중 한 명이다.

시인으로서 레오파르디의 뛰어난 역량은《노래들》에서 집약적으로 나타났다. 그는 이탈리아 시에 근대의 문을 연 '최초의 근대적 시인'으로도 평가되는데, 이러한 평가를 받게 한 레오파르디의 혁신은 형식과 내용 두 측면에서 함께 이루어졌다. 먼저 이탈리아 시의 전통을 계승하면서도 그 틀을 과감히 벗어나 자유시를 지향하는 독창적인 시 세계를 구축했다. 또한 깊이 있는 철학적 연구와 성찰을 기반으로 급변하는 당대의 시대정신을 그 안에 담아냈다. 그러한 실험정신은 섬세한 감수성과 표현력으로 완성되었다.

　레오파르디 시의 결정판인《노래들》은 근대의 격변기에 탄생한 작품이며, 레오파르디의 개인적 고통과 번민부터 인간의 삶과 실존, 생명체에 대한 깊은 성찰까지 담고 있다. 하지만 우리나라에는 지금까지 레오파르디의 작품이 번역되지 않았는데, 쉽게 다가가기 어려운 문체와 내용의 복합성도 원인이지만, 무엇보다 시장성을 우선시하는 출판계의 무관심이 주요 원인이었다.

　이 번역에서는 마리오 안드레아 리고니 교수가 편집한 판본[1]을 토대로 하면서, 다른 여러 판본의 해설과 조나단 갈라시의 영어 번역본[2]도 함께 참조하였다. 그럼에도 시의 복합적인 의미를 총체적으로 파악하여 옮기기는 쉽지 않았다. 운문의 특성 역시 고려해야 했으나, 이탈리아어와 한국어의 근본적 차이 때문에 결국 형식보다는 내용에 충실한 번역을 목표로 삼게 되었다. 그에 따라 레오파르디의 표현을 최대한 존중하면서 그 안에 담긴 것을 그대로 전달하고자 노력하였다. 나름대로 애정과 열정을 기울여 번역하고 다듬었으나 미흡한 부분이 있을 것이다. 독자 여러분의 너그러운 양해를 기대한다.

　또한 각 작품의 이해와 감상에 필요하다고 생각하는 텍스트 외적 정보들은 각주를 통해 제공하였다. 일부는 불필요한 사족처럼 보일 수도

1　리고니(Mario Andrea Rigoni, 1948~2021) 교수의 편집본은 몬다도리(Mondadori) 출판사에서 1987년에 출간되었다. 상세한 설명과 풍부한 자료가 돋보이는 판본이다.

2　갈라시(Jonathan Galassi, 1949~)의 영어 번역본은 파라 스트라우스 지루(Farrar Straus Giroux) 출판사에서 2010년에 출간되었다.

있으나, 다양한 독자를 배려하고 싶었다. 다른 한편으로 그런 부수적 지식과 정보를 따라가면서 작품을 감상하고 근대 이탈리아의 여러 모습을 살펴보는 것도 읽기의 즐거움을 더욱 풍부하게 해 줄 것이다. 아울러 레오파르디의 내면과 심리 세계를 들여다보는 기회가 될 수도 있다.

레오파르디는 평생 신체적·정신적 고통으로 인해 괴로워하면서도 실존적 고뇌에 빠져들기를 멈추지 않은 채, 비관주의 속에서 인간의 존재 의미를 찾고자 노력했으며, 그것은 실존주의 철학의 선구자로 평가될 만큼 강렬했다. 그런 의미에서《노래들》은 현대를 살아가는 우리에게도 공감과 감동을 불러일으킨다. 그의 시는 특히 진정한 삶의 의미를 잃고 여러 가지 실존적 번민에 사로잡힌 현대인들에게 한 줄기 빛을 비춰 줄 수 있을 것이다. 고전 작품의 힘은 그런 점에서 나타난다고 생각한다.

2025년 여름
김운찬

일러두기

1. 번역의 저본은 마리오 안드레아 리고니 교수가 편집한 판본(Mondadori, 1987)이다.
2. 외래어 표기는 국립국어원의 외래어 표기법을 따르되 일부는 관용을 따랐다.
3. 고전 신화의 고유명사는 라틴어 이름을 기준으로 하였지만, 발음 차이가 거의 없는 경우 그리스어 이름을 따랐다.
4. 《성경》에 나오는 글의 번역과 고유명사 표기는 한국 천주교 주교회의의 새 번역 《성경》(2005)을 참고하였다.
5. 본문의 각주는 모두 옮긴이가 붙인 것이다.

차례

옮긴이 머리말 9

01 이탈리아에게 17
02 피렌체에서 준비하는
    단테의 기념비에 대해 26
03 키케로의 책《국가론》을 발견한
    안젤로 마이에게 39
04 파올리나 누이의 결혼에 51
05 팔로네 우승자에게 58
06 소 브루투스 63
07 봄에게 또는 옛날 신화에 대하여 72
08 조상들에 대한 찬가 또는
    인류의 기원에 대하여 79
09 사포의 마지막 노래 87
10 첫사랑 92
11 외로운 참새 100
12 무한 104
13 축제일 저녁 106

14	달에게	109
15	꿈	111
16	외로운 삶	117
17	콘살보	123
18	그의 여인에게	132
19	카를로 페폴리 백작에게	136
20	다시 일어남	146
21	실비아에게	155
22	추억	159
23	아시아 유랑 목동의 야상곡	169
24	폭풍 뒤의 고요	177
25	마을의 토요일	181
26	지배적인 생각	184
27	사랑과 죽음	193
28	자기 자신에게	200
29	아스파시아	202
30	죽은 젊은 여인이 가족과 작별하고 떠나가는 모습이 새겨진 옛 무덤의 돋을새김에 대하여	209

31 자신의 묘비에 새겨진 어느
　　아름다운 여인의 초상화에 대하여　216
32 지노 카포니 후작에게
　　보내는 철회의 시　220
33 달넘이　238
34 금작화 또는 황무지의 꽃　243
35 모방　260
36 농담　262

단편들
37 "들어 봐, 멜리소"　267
38 "나는 여기 문지방 주위에서 방황하며"　270
39 "서쪽에 낮의 빛살은 꺼지고"　272
40 시모니데스의 그리스어에서　278
41 똑같은 작가의　281

옮긴이 해제　283
레오파르디 연보　300
지은이·옮긴이 소개　303

01
*
이탈리아에게[1]

오, 나의 조국이여,[2] 우리 조상들의

성벽과 개선문, 기둥, 동상,

버려진 탑을 바라보고 있는데,

영광은 보이지 않고, 우리 조상들이

가득 지녔던 승리의 월계관과 무기도   5

보이지 않는군요.[3] 무기력해진 당신[4]은

---

1   1818년 9월 고향 레카나티(Recanati)에서 완성한 칸초네(canzone, 복수형은 칸초니)이다. 같은 해에 로마 보우를리에(Bourlié) 출판사에서 출간되었고, 이어 1824년에 볼로냐의 노빌리(Nobili) 출판사에서 출간한 《칸초니》(*Canzoni*)라는 제목의 시집(이하 볼로냐 판 《칸초니》)에도 실렸다. 총 7연으로 구성되어 있으며 각 연은 20행(7음절 시행 13개와 11음절 시행 7개)이므로 모두 140행이다. 칸초네는 이탈리아의 전통적 시 형식으로, 보통 11음절 시행과 7음절 시행을 활용하여 다양한 방식으로 운율과 각운을 맞춘 시를 가리킨다. 하지만 포괄적으로 운문 작품이나 노래를 의미하기도 한다.
2   프란체스코 페트라르카(Francesco Petrarca, 1304~1374)의 시집 《칸초니에레》 (*Canzoniere*)에 실린 128번 칸초네는 이와 유사하게 "나의 이탈리아여"로 시작되는데, 시작 부분 외의 내용도 비슷하다.

벌거벗은 이마와 가슴을 드러내고 있군요.
슬프도다, 상처와 피, 멍 자국이
얼마나 많은가! 오, 아름다운 여인[5]이여,
지금 당신은 어떤 모습인가! 하늘과   10
세상에게 묻노니, 말해 주오, 말해 주오,
누가 그렇게 만들었나요? 더 비참한 것은
두 팔이 사슬에 묶여 있으며,
흐트러진 머리칼에 베일도 없이
외롭고 쓸쓸하게 땅바닥에 앉아   15
무릎 사이로 머리를
감추고 울고 있다는 것이에요.
울어요, 울어야 마땅하지요, 나의 이탈리아여,
당신은 좋은 운명이든 나쁜 운명이든
다른 사람들에게 승리하려고 태어났으니까요.   20

당신의 두 눈이 생생한 샘물이더라도,
귀부인이었다가 이제 불쌍한 하녀가 된
당신의 불행과 치욕에 흘릴

---

3 레오파르디는 화려하게 발전했던 고대 로마와 이탈리아를 동일시하여 말하고 있다.
4 조국 이탈리아를 가리킨다. 5세기에 서로마 제국이 몰락한 이후 이탈리아반도는 수많은 군소 나라로 나뉘어 서로 싸웠고, 그 결과 당시에는 대부분 외세의 지배를 받고 있었다. 이탈리아반도의 통일은 1861년에야 이루어졌다.
5 마찬가지로 이탈리아를 가리킨다. 이탈리아는 여성형 명사이다.

눈물은 절대 충분할 수 없겠지요.
당신에 대해 말하거나 쓰는 사람은　　　　　　　　　　25
당신의 과거 영광을 기억하면서, 전에는 위대했는데
지금은 아니라고 누가 말하지 않겠습니까?
무엇 때문인가요? 옛날의 강력함은 어디 있고,
무기와 용기와 의지는 어디 있나요?
누가 당신의 검을 풀었나요?　　　　　　　　　　　　30
누가 배신했나요? 어떤 기술이나 노고,
아니면 어떤 강력한 힘이
당신의 외투와 황금 띠를 벗길 수 있었나요?
언제, 어떻게 그렇게 높은 곳에서
이렇게 낮은 곳으로 떨어졌나요?　　　　　　　　　　35
당신의 가족 누구도 당신을 위해 싸우지 않았나요?
누구도 당신을 보호하지 않았나요? 여기 무기를 주오,
나 혼자라도 싸우겠소, 나 혼자라도 쓰러지겠소.
오, 하늘이여, 내 피가 이탈리아인들의
가슴에 불이 되게 해 주소서.　　　　　　　　　　　　40

당신의 아들들은 어디 있나요? 무기와
마차, 사람들, 북들이 질러 대는 소리가 드높은데,
당신의 아들들은 이방인의 땅에서
싸우고 있군요.6
조심해요, 이탈리아여, 조심해요.　　　　　　　　　　45

물결치는 보병들과 기병들,

연기와 먼지, 구름 속의 번개처럼

빛나는 검들이 보이는 것 같군요.

위안이 되나요? 불안한 결과7를 향해

떨리는 눈을 돌릴 용기가 없는가요?　　　　　　　　　50

이탈리아 젊은이들은 무엇을 위해

그 전쟁터에서 싸웠나요? 오, 신들이여, 신들이여,

이탈리아의 검들은 다른 땅을 위해 싸우는군요.

자기 조국을 위해서나, 사랑하는 아내와

자식들을 위해서가 아니라,　　　　　　　　　　　　55

다른 사람들을 위한 전쟁에서

다른 사람들의 적에 의해 죽으면서도

이렇게 말할 수 없는 자는 불쌍하구나,

"고귀한 고향 땅이여, 당신이

나에게 준 생명을 이제 돌려줍니다."　　　　　　　　60

오, 행복하고 소중하고 축복받은

옛날 시대여, 조국을 위하여

사람들은 무리 지어 죽음으로 달려갔지요.

6　　1812년 나폴레옹의 비극적인 러시아 원정에 많은 이탈리아인이 참여하였다. 이에 대해서는 이어지는 작품 〈피렌체에서 준비하는 단테의 기념비에 대해〉에서 길게 이야기한다.

7　　러시아 원정의 참혹한 패배를 가리킨다.

언제나 명예와 영광을 받는

오, 테르모필레 협곡[8]이여,   65

그곳에서 페르시아와 운명은, 담대하고

순수한 소수의 영혼보다 훨씬 약했구나!

당신들의 초목과 돌과 파도와 산은

지나가는 사람들에게

혼란스러운 목소리로 이야기하겠지요,   70

어떻게 그 용맹한 부대가

그리스에 헌신적인 사람들의

시신으로 그곳을 온통 뒤덮었는지.

그러자 비열하고 난폭한 크세르크세스는

헬레스폰토스[9]를 건너 달아나면서   75

먼 후손들에게 치욕을 안겨 주었으니,

그 신성한 부대가 죽음으로써

죽음에서 구한 안텔레[10] 언덕에

---

8   원문에는 tessaliche strette, 즉 "테살리아의 협곡"으로 되어 있다. 이는 그리스 중동부의 역사적 지명으로서 험준한 산과 바다 사이의 협소한 통로를 가리킨다. 기원전 480년의 그리스-페르시아 전쟁 당시, 스파르타의 레오니다스 왕이 이끈 300명의 전사가 이곳에서 페르시아 크세르크세스 1세의 대규모 군대와 맞서 싸우다가 전사하였다.

9   헬레스폰토스(Ἑλλήσποντος)는 '헬레의 바다'라는 뜻이다. 튀르키예 서쪽의 에게해와 마르마라해를 잇는 해협인데, 현재는 다르다넬스 해협이라 불린다.

10 안텔레(Ἀνθήλη)는 헤로도토스가 《역사》 7권 176장, 200장에서 이야기하는 마을로, 테르모필레 협곡 근처에 있었다고 한다.

올라가 시모니데스[11]는
하늘과 바다와 땅을 바라보았다오.   80

그리고 두 뺨에 눈물을 흘리면서
벅차오르는 가슴과 비틀거리는 다리로
손에 리라를 들고 노래하였지요.
당신들을 낳아 준 조국[12]에 대한 사랑으로
적들의 창에 가슴을 내민 당신들,   85
그리스가 존경하고 세상이 경탄하는
당신들은 정말로 행복합니다.
얼마나 큰 사랑이 젊은 마음을
무기들과 위험들 사이로 이끌었고,
어떤 사랑이 쓰라린 운명으로 이끌었나요?   90
오, 조국의 아들들이여,[13] 마지막 순간이 얼마나
당신들에게 즐겁게 보였길래, 웃으면서
고통과 눈물의 고갯길로 달려갔나요?
당신들은 모두 죽음이 아니라
무도회나 찬란한 연회로 가는 것 같았지만,   95

---

11   고대 그리스의 서정시인, 케오스(Κέως)의 시모니데스(B.C. 556?~468?)를 가리킨다. 그는 테르모필레 전투를 찬양하는 시를 남겼다.
12   원문에는 costei ch'al Sol vi diede, 직역하면 "당신들을 태양에게 준 그녀"로 되어 있다.
13   원문에는 그냥 "아들들이여"로 되어 있다.

어두운 타르타로스[14]와 죽음의
강물[15]이 당신들을 기다렸고,
쓰라린 가슴에서 입맞춤도 없이,
눈물도 없이 죽어 갈 때, 옆에는
아내도 없었고 자식도 없었지요. 100

하지만 페르시아인들에게도 끔찍한 고통과
지울 수 없는 치욕이 남았어요.
마치 소 떼 한가운데에 있는 사자가
소의 등을 공격하고 때로는
이빨로 어깨를 깨물고, 때로는 105
옆구리를, 때로는 허벅지를 깨물듯이,
그렇게 그리스인들 가슴의 분노와 역량은
페르시아인들 사이에서 타올랐다오.
쓰러진 말들과 기사들을 보시라.
쓰러진 천막들과 마차들이 110
패배자들의 도주를 가로막고,
그 폭군[16]이 창백해지고 당황하여
맨 먼저 달아나는 것을 보시라.

---

14 그리스 신화에서 땅속 깊은 곳의 저승 세계를 다스리는 태초의 신이다.
15 고대 그리스인들이 저승 세계에 있다고 믿었던 강, 특히 스틱스강을 가리킨다.
16 크세르크세스 1세.

페르시아인들에게 끝없는 고통의
원인이 된 그리스 영웅들이 115
야만인들의 피로 물들고 더러워진 채
조금씩 상처에 압도되어 서로 뒤엉키면서
쓰러지는 것을 보시라. 오, 만세, 만세,
세상에서 이야기하거나 쓰는 한,
당신들은 정말로 행복합니다. 120

당신들에 대한 기억과 사랑이
흘러가거나 사라지기 전에,
먼저 별들이 하늘에서 뽑히고 바다에
떨어져 바닥에서 꺼질 것이오.[17]
당신들의 무덤은 제단, 그곳으로 125
어머니는 아이들을 데려와 당신들 피의
영광스러운 흔적을 보여 줄 것이오. 축복받은
자들이여, 나는 땅바닥에 엎드려, 세상의
이쪽 끝에서 저쪽 끝까지
영원히 찬양되고 명성을 떨칠 130
이 돌과 이 흙에 입을 맞춘다오.
아, 내가 당신들과 함께 이 아래에 있고,
이 신성한 땅이 내 피로 젖는다면!

---

17 이 세상이 끝날 때까지 기억과 명성이 지속될 것이라는 뜻이다.

운명이 달라서[18] 내가

그리스를 위해 전쟁에서 쓰러져　　　　　　　　　　　135

두 눈을 감도록 허용되지 않더라도,

당신들의 시인[19]이 지닌 소박한 명성이,

신들이 원한다면, 후손들에게

당신들의 명성이 지속되는 만큼

지속될 수 있을 테니까요.　　　　　　　　　　　　　140

18　레오파르디 자신은 그리스인이 아니기 때문이다.
19　케오스의 시모니데스를 가리킨다.

02
*
피렌체에서 준비하는
단테의 기념비에 대해[1]

아무리 우리 사람들[2]이
하얀 날개 아래 평화[3]를 품어도,
옛 시대 조상들의 선례를
이 숙명의 땅이 지향하지 않는다면,
이탈리아인들의 마음은 오랜 잠의   5
올가미에서 풀려나지 않을 것이오.

---

1 1818년 9월과 10월 사이에 레카나티에서 쓴 칸초네이다. 앞의 1번 칸초네 〈이탈리아에게〉와 쌍둥이 작품을 이루며, 1818년 로마 보우를리에 출판사에서 처음 출판되었다. 이는 1818년 7월 피렌체에서 단테(Dante Alighieri, 1265~1321)의 기념비를 세우자는 성명서가 발표되었을 때 착상된 작품이다. 이어서 단테의 유해가 돌아오면 안치될 가묘(假墓)가 1829년 산타 크로체(Santa Croce) 성당 안에 완성되었다. 이어서 단테 탄생 600주년인 1865년에는 단테의 기념비가 이 성당 앞 광장에 세워졌다. 이 칸초네는 모두 12연으로 구성되어 있는데, 앞의 11개 연은 17행이고(홀수 연과 짝수 연은 서로 다르게 구성되어 있다), 마지막 결구(結句)에 해당하는 12번째 연은 13행으로 되어 있어 모두 200행이다.
2 이탈리아인들을 가리킨다.
3 1814~1815년의 빈(Wien) 회의 이후 재건된 왕정복고의 평화를 의미한다.

오, 이탈리아여, 위대한 옛사람들을

가슴에 간직하고 존경하시오, 오늘날

당신의 땅에는 그런 사람들이 없고,

당신이 존경할 사람은 아무도 없으니.　　　　　　　　10

뒤로 몸을 돌려 바라보시오, 나의 조국이여,

저 무수한 불멸의 사람들을.

그리고 울면서 당신 자신을 경멸하시오,

경멸 없는 고통은 어리석으니까.

몸을 돌리고, 부끄러워하고, 정신을 차리고,　　　　　15

우리 조상과 후손에 대한 생각이

한 번이라도 당신을 찌르기를.

모습과 재능과 언어가 다른

이방인 여행자4는 토스카나 땅5을

돌아다니면서 헤맸답니다,　　　　　　　　　　　　20

호메로스6가 외롭지 않게 해 준 시인7이

4　원문에는 l'ospite, 즉 "손님"으로 되어 있다.

5　토스카나(Toscana)는 피렌체를 중심으로 하는 이탈리아의 중북부 지방으로 여기에서는 피렌체를 가리킨다.

6　원문에는 il meonio cantor, 그러니까 "마이오니아의 노래꾼"으로 되어 있는데, 마이오니아(Μαιονία, 이탈리아어 이름은 메오니아(Meonia))는 소아시아 서쪽에 있던 제국이다. 호메로스의 고향은 정확히 알려지지 않았지만, 대부분 소아시아 서쪽의 이오니아 지역이리라고 짐작한다.

7　피렌체에서 태어난 위대한 시인 단테를 가리킨다. 단테의 위대함은 호메로스에

어디 누워 있는지 알고 싶어서 말이오.
그런데, 오, 부끄러워라! 이런 말을 들었다오.
차가운 재와 헐벗은 뼈[8]가
장례 날 이후 다른 땅[9] 아래에   25
아직도 망명자로 누워 있을 뿐 아니라,
피렌체여, 자신의 위대함으로
온 세상이 당신을 존경하게 해 준 그에게
당신은 성벽 안에 비석 하나 세우지 않았다고 말이오.
오, 자비로운 그대들이여,[10] 그대들 덕분에   30
우리나라는 그렇게 슬프고 천한 치욕을 씻을 것이오!
용감하고 친절한 사람들이여, 그대들은
고귀한 일을 시작하였고, 이탈리아에 대한 사랑에
불타는 모든 가슴이 동의하는군요.

이탈리아에 대한 사랑, 오, 소중한 이들이여,   35
이 불쌍한 여인[11]에 대한 사랑이 그대들을 격려하는데,
그녀를 향한 연민이 이제 모든 가슴에서

    버금갈 정도라는 뜻이다.
8   단테의 유해를 의미한다.
9   이탈리아 북동부 해안의 도시 라벤나(Ravenna)를 가리킨다. 망명 생활을 하며
    떠돌던 단테는 1321년 이곳에서 죽었고, 그의 유해는 지금도 그곳에 묻혀 있다.
10 단테의 기념비 건립을 위한 성명서에 서명한 사람들을 가리킨다.
11 이탈리아를 가리킨다.

죽었으니, 하늘이 맑은 날 다음에
쓰라린 날들을 우리에게 주었군요.
오, 그대들이여,[12] 그녀의　　　　　　　　　　　　　　40
뺨과 베일을 젖게 할 정도로
괴로운 경멸과 고통과 연민이 그대들에게
용기를 주고 그대들의 작업을 완수하게 해 주소서.
하지만 배려나 권고뿐만 아니라
멋진 과업에서 나타나고 증명된　　　　　　　　　　45
손의 역량[13]과 재능[14]이
영원한 자랑인 그대들을
어떤 말이나 노래로 장식해야 할까요?
그대들에게 어떤 시를 보내야 가슴속에,
불타는 영혼 속에 새로운 불꽃을　　　　　　　　　　50
더해 줄 만큼 가치가 있을까요?

가장 고귀한 주제가 영감을 주고
그대들의 가슴을 날카롭게 자극할 것이오.
그대들의 열정과 엄청난 애정의
파도와 격렬함을 누가 말할 수 있을까요?　　　　　　55

12　원문에는 figli, 즉 "아들들이여"로 되어 있다.
13　예술적 능력을 의미한다.
14　원문에는 dell'ingegno … i sensi, 즉 "재능의 감각"으로 되어 있다.

누가 그 놀라운 모습15을 그려 낼까요?

누가 그 눈의 섬광을 표현할까요?

누가 천상의 목소리와 비견될

그 인간의 목소리를 묘사할 수 있나요?

불경한 영혼을 멀리하라. 오, 고귀한 기념비에　　　　　　　60

이탈리아는 얼마나 많은 눈물을 간직했는가!

어떻게 무너지겠어요? 그대들의 영광이

언제 또 어떻게 세월에 마모되겠어요?

신성한 예술들이여, 우리의 고통을 덜어 주는

너희는 영원히 살면서　　　　　　　　　　　　　　　　65

우리 불행한 백성에게 위안이 되고

이탈리아의 폐허 사이에서

이탈리아의 영광을 찬양하여라.

나도 역시 고통스러운

우리의 어머니16를 기리고자　　　　　　　　　　　　　　70

나에게 허용된 것을 갖고

그대들의 끌이 대리석에 생명을 불어넣는 곳에 앉아

그대들의 작품에 내 노래를 덧붙인다오.

오, 토스카나 시17의 탁월한 아버지18여,

15　단테의 모습을 가리킨다. 뒤이어 말하는 "눈의 섬광"과 "목소리"도 마찬가지이다.
16　이탈리아를 가리킨다.

지상의 사물이나 75
당신이 아주 높이 올려놓은 여인[19]에 대한
어떤 소식이 그곳까지[20] 닿는다면
당신은 분명 기쁘지 않을 것이니,
당신이 남긴 명성에 비교하면
청동과 대리석이 밀랍과 모래보다 80
확고하지 않기 때문이오. 우리의 기억에서
혹시 당신이 잊혔거나 잊히게 된다면,
우리의 불행을 가능한 한 더 늘려 주고,
온 세상에서 빛을 잃은 당신의 후손이
영원한 고통 속에 울게 해 주소서. 85

하지만 당신을 위해서가 아니라
이 불쌍한 당신의 조국을 위해 기뻐하십시오,
혹시라도 조상들과 부모의 모범이
무기력하고 잠든 후손에게 갑자기

---

17 원문에는 etrusco metro, 즉 "에트루리아의 운율"로 되어 있다. 에트루리아(Etruria)는 이탈리아 중북부에 위치하던 옛 나라로, 로마가 건국되기 전부터 현재의 토스카나 지방을 중심으로 고유의 문화와 문명을 갖추어 번창하고 있었다.
18 단테.
19 이탈리아.
20 원문에는 ai vostri lidi, 즉 "당신들의 강변에"로 되어 있는데, 단테를 비롯하여 죽은 영혼들이 있는 저승을 가리킨다.

머리를 쳐들 만한 용기를 불어넣어 준다면. 90
아, 얼마나 기나긴 고통에
그녀가 시달렸는지, 당신이
또다시 천국에 올라갔을 때,21
그렇게 초라하게 인사한 것22을 보십시오!
지금 당신이 보는 모습에 비하면 당시에는 95
행복한 귀부인이며 왕비였을 만큼 전락하였다오.
그런 비참함이 슬프게 하니
당신은 보고도 믿지 못할 것이오.
다른 적과 고통에 대해서는 침묵하겠지만,
당신의 조국이 문턱 가까이 다가온 100
최후의 날23을 목격하게 만든
최근의 가장 잔인한 적에 대해서는 아니오.24

당신은 행복하다오, 운명이
그 엄청난 공포 속에 살게 하지 않았고,

---

21 단테가 《신곡》에서 이야기하는 저승 여행이 아니라, 나중에 죽어서 천국에 올라갔을 때이다.
22 기념비 하나 남기지 않은 것을 지적한다.
23 원문에는 l'ultima sera, 즉 "마지막 저녁"으로 되어 있다.
24 초고에는 ma non la Francia scellerata e nera, 즉 "사악하고 음흉한 프랑스에 대해서는 아니오."로 되어 있는데, 1797년 나폴레옹이 이탈리아를 점령한 것을 가리킨다.

이탈리아 아내가 야만인 병사의 팔에 105
안겨 있는 것을 보지 않았고,
도시와 들판을 약탈하고 파괴하는
적의 창과 이방인의 광기를 보지 않았고,
비참한 예속에 알프스산맥 너머로
빼앗긴 이탈리아 천재들의 110
신성한 작품들,25 빽빽하게 마차들로
가로막힌 고통스러운 길,
오만한 명령과 잔인한 눈짓을 보지 않았고,
사슬들과 채찍들의 소리 사이에서
자유를 조롱하는 역겨운 115
목소리와 모욕을 듣지 않았으니까요.
누가 괴로워하지 않나요? 우리가 고통받지 않았나요?
그 사악한 자들이 손대지 않고 남겨 둔
성전이나 제단, 악행26이 어디 있나요?

어찌하여 우리는 이렇게 불행한 시대에 왔을까요? 120
가혹한 운명은 왜 우리를 태어나게 하고,
왜 빨리 죽게 하지 않는 것일까요?

---

25 나폴레옹이 약탈해 가져간 천재적인 이탈리아 예술가들의 작품을 가리킨다.
26 의미상 복잡한 열거 방식이다. 앞의 "성전이나 제단"과 어울리지 않는 말처럼 보이지만, "손대지 않은 악행이 없다"는 것은 "모든 악행을 다 저질렀다"는 의미라고 해석할 수 있다.

그리하여 우리 조국이 이방인들과
사악한 자들의 시녀와 노예가 되고,
조국의 역량이 신랄한 줄칼에   125
마모되고 있는데,
찢어지는 잔인한 고통을 덜어 줄
어떤 도움이나 위안마저
어디에도 주어지지 않은 것을 보고 있나요?
아, 사랑하는 조국이여, 당신은   130
우리의 피와 생명을 갖지 못했고, 나는
당신의 잔인한 운명을 위해 죽지 못했다오.
그러니 분노와 연민이 여기 가슴에 넘친답니다.
우리 역시 싸우다가 많이 죽었지만,[27]
죽어 가는 이탈리아를 위해서가 아니라   135
그 잔인한 폭군들을 위해서였다오.

아버지,[28] 당신이 경멸하지 않는다면
당신은 살았을 때 모습과 달라지셨습니다.
용감한 이탈리아인들이, 아, 다른 죽음이 합당한데,
황량한 러시아 평원에서 죽었고,   140

---

[27] 이어서 나폴레옹 전쟁, 특히 1812년의 러시아 원정에서 죽은 이탈리아 병사들에 대해 말한다. 나폴레옹은 이탈리아를 비롯한 여러 동맹국에 징집을 요청하였다.
[28] 단테에게 하는 말이다.

대기와 하늘²⁹과 사람들과 짐승들이

그들을 엄청나게 괴롭혔지요.

반쯤 벌거벗고 짓이겨진 채 피를 흘리며

수많은 무리를 이루어 쓰러졌고,

얼음이 가엾은 육신들의 침대가 되었지요.　　　　145

그리고 마지막 고통을 내쉴 때

열망하던 이 어머니를 기억하며

말했다오. 오, 구름이나 바람이 아니라,

쇠가 우리를 죽이는데,³⁰ 우리 조국이여,

그대를 위해서라오. 삶이 우리에게 가장 아름답게　　150

미소 지을 때,³¹ 당신에게서 멀리 떨어져

온 세상이 모르는데,

당신을 죽이는 사람들을 위해 죽는군요.

그들의 탄식을 북쪽의 황무지와

바람이 몰아치는 숲이 들었지요.　　　　　　　　155

그렇게 그들은 죽음³²으로 나아갔고,

벌판에 방치된 시신들을

그 무서운 눈(雪)의 바다 위에서

29　황량한 러시아 스텝 지대의 악천후를 가리킨다.
30　자연스러운 죽음을 맞지 못하고 전쟁에서 무기에 의해 죽는다는 뜻이다.
31　한창 젊은 나이에.
32　원문에는 passo, 즉 "고갯길"로 되어 있다(〈이탈리아에게〉 93행 참조).

짐승들이 갈기갈기 찢었으니,

훌륭하고 용감한 자들의 이름은   160

어리석고 비열한 자들의 이름과 영원히

같아져 결국 하나가 될 것이오. 사랑하는 영혼들이여,

당신들의 불행은 끝이 없겠지만

평안하소서. 그리고 지금이나 미래에나

어떤 위안도 받지 못하리라는 것이   165

당신들을 위로하소서.³³

끝없는 당신들 괴로움의 품 안에서

쉬세요, 조국의³⁴ 진정한 아들들이여.

조국의 최종적인 파멸과

당신들의 파멸은 닮은 것 같군요.   170

조국은 당신들에게 탄식하는 것이 아니라,

자신에게 거역하여 싸우도록

당신들을 보낸 자³⁵에 대해 탄식하며

언제나 쓰라리게 울 것이니,

그 눈물과 당신들의 눈물이 뒤섞인다오.   175

오, 모든 영광을 얻었던 조국에의 연민이

---

33 역설적 표현인데, 마치 운명에 대해 복수하듯이 극단의 절망에서 야만적인 즐거움을 느끼라는 것이다.
34 원문에는 di costei, 즉 "그녀의"로 되어 있다.
35 나폴레옹을 가리킨다.

그 자식 중 누군가의 가슴에 태어나

그렇게 어둡고 깊은 소용돌이에서

지치고 힘없는 조국을 구해 낸다면!

오, 영광의 영혼36이여, 말해 주오,　　　　　　　　　　　180

당신의 이탈리아에 대한 사랑은 죽었나요?

당신을 불태웠던 불꽃은 꺼져 버렸나요?

오랫동안 우리의 고통을 위로해 주던

그 은매화37는 다시 푸르러지지 않을까요?

우리의 월계관38은 모두 부서져 땅으로 흩어졌나요?　　　185

어떤 부분에서든 당신을 닮은

누군가가 다시 태어나지 않을까요?

우리는 영원히 죽었나요? 정말로

우리의 부끄러움은 끝이 없나요?

사는 동안 나는 주위에 외치며 다니겠습니다.　　　　　　190

타락한 후손이여, 조상들을 되돌아보고,

이 폐허와 종이와 캔버스와

대리석과 성전39을 보고,

36　단테에게 하는 말이다.
37　은매화(銀梅花, 학명은 Myrtus communis)는 도금양과의 늘푸른떨기나무로 여기에서는 단테의 시를 가리킨다.
38　원문에는 corone, 즉 "왕관들"로 되어 있는데, 계관시인의 월계관을 가리킨다.
39　순서대로 문학, 그림, 조각, 건축 작품들을 가리킨다.

밟고 있는 땅을 생각하고, 그런 선례의 빛을
다시 깨울 수 있을지 생각하시오.   195
무엇 하고 있소? 일어나 가시오.
그 탁월한 마음들의 어머니이자 스승에게는
그렇게 타락한 관습이 어울리지 않으니,
만약 겁쟁이들의 거처라면
차라리 외로운 과부로 남는 것이 낫겠소.   200

03
*
키케로의 책《국가론》을 발견한
안젤로 마이에게[1]

열성적인 이탈리아인[2]이여, 어떻게

당신은 쉬지 않고 우리 조상들을

무덤에서 깨우고, 게으름의 짙은

안개가 드리운 이 죽은 시대로 안내하여

말하게 만듭니까? 그렇게 오랫동안   5

침묵하던 우리 조상의 목소리가

---

1   1820년 1월 레카나티에서 완성하여 그해 6월 볼로냐의 마르실리(Marsigli) 출판사에서 독립적으로 출판한 칸초네이다. 모두 12연이며, 각 연은 15행(7음절 시행 3개, 11음절 시행 12개)으로 이루어져 있다. 안젤로 마이(Angelo Mai, 1782~1854)는 베르가모 출신 추기경이자 문헌학자로 바티칸 도서관과 밀라노 암브로시우스 도서관의 사서를 역임하면서 여러 고전 작가의 저술을 새롭게 발굴하여 소개했다. 1819년에는 바티칸 도서관에서 로마 시대 정치가이자 웅변가였던 키케로(Marcus Tullius Cicero, B.C. 106~43)가 저술한 《국가론》(De re Publica)의 사본을 새로 발견했다. 그동안 제목만 알려졌을 뿐 원문을 알 수 없던 저술이다. 레오파르디는 그 위대한 업적을 축하하여 이 작품을 썼다.
2   안젤로 마이를 가리킨다.

어떻게 지금 우리 귀에 그리 강하게
자주 들려오나요? 왜 그렇게 많이
부활하였나요? 순식간에 저술들이
풍부해졌는데, 먼지투성이 수도원들이   10
선조의 너그럽고 성스러운 말들을
오늘날까지 감추어 간직하였군요.
탁월한 이탈리아인이여, 운명이 당신에게
어떤 가치를 불어넣나요? 아니면 혹시
운명은 인간의 용기에 맞설 수 없는 건가요?   15

분명 신들의 고귀한 충고 없이는,
절망적인 우리의 망각이 심각하고
오래 지속되고 있는 곳마다 이렇듯
조상들의 새로운 함성이 우리를
깨우러 올 수는 없지요. 그러니까 하늘은   20
아직 이탈리아에게 너그럽고, 어떤 신이
아직 우리를 보살피고 있으니,
나중의 다른 어떤 순간도 아닌 지금이
이탈리아 고유의 녹슨 역량을
다시 손에 잡을 순간이므로,   25
우리가 직면해 있듯이
묻힌 자들의 함성은 그렇게 높고,
땅은 잊힌 영웅들을 풀어 주면서,

오, 조국이여, 이렇게 때늦은 지금도
겁쟁이로 남고 싶은지 묻는군요.   30

오, 영광스러운 분들3이여, 아직 우리에게
희망을 품고 있나요? 우리는 완전히
죽지 않았나요? 당신들은 아마 미래를
알 수 있는 모양이군요. 나는 소진되었고,
고통에 어떤 보호막도 없으니   35
미래는 캄캄하고, 내가 아는 한
희망은 꿈이나 환상처럼 보입니다.
용감한 영혼들이여,
당신들의 집을 치욕스럽고 더러운
민중이 이어받았고, 당신들의   40
위업과 작품4의 모든 가치는 후손에게
놀림거리이고, 당신들의 영원한 칭송에 대해
부끄러움도 질투도 없고, 당신들의 걸작을
게으름5이 둘러싸고, 우리는 미래에게

---

3   과거 이탈리아의 위대한 조상들을 가리킨다.
4   원문에는 parola, 즉 "말" 또는 "언어"로 되어 있다.
5   원문에는 ozio로 되어 있는데, 라틴어로는 오티움(otium)이다. 고대 로마인들에게 오티움은 일에서 벗어나 누리는 "한가로움" 또는 "여유"를 뜻하는 긍정적 의미로 사용되었지만, 근대에 들어오면서 부정적 의미로 "나태함", "게으름", "지루함"을 의미하게 되었다.

비열함의 선례가 되어 버렸습니다. 45

오, 고귀한 재능[6]이여, 뛰어난 우리 조상이
다른 사람에게 중요하지 않아도 너에게는 중요하니,
우호적인 운명 덕택에 네 손을 거쳐
그날들[7]이 왔기에, 파묻힌 연구들[8]을 통해,
자연이 자신을 드러내지 않으면서 50
말을 건넸던 신 같은 옛사람들이
잔인하고 오랜 망각으로부터
다시 머리를 쳐들었고, 그리하여
아테네[9]와 로마의 위대한 이들의
휴식을 즐겁게 해 주었지요. 55
오, 영원한 잠에 빠진 시대여!
당시에는 이탈리아의 파멸이
아직 시작되지 않았고, 아직 우리는
비열한 게으름을 경멸하였고, 산들바람은
이 땅에서 많은 불꽃[10]을 휘날렸다오. 60

---

6 학문과 예술의 천재적 재능을 가리킨다.
7 뒤이어 말하듯이 고대인들의 학문과 예술을 부흥시킨 르네상스 시대를 가리킨다.
8 고대에 화려하게 꽃피웠던 학문과 예술에 관한 연구들이다.
9 고대 그리스를 의미한다.
10 이어서 한 명씩 열거하는 과거 이탈리아의 위대한 인물들을 가리킨다.

당신의 신성한 유해는 뜨거웠소,

운명의 경멸과 고통에

이승보다 저승이 더 친근했던

굴복하지 않은 운명의 적[11]이여.

저승이라니, 우리의 이곳보다 어디가   65

더 낫지 않겠소? 그리고 당신의 오른손이

닿음에 달콤한 현(絃)들은

속삭였지요, 오, 불행한 연인[12]이여.

아, 이탈리아의 노래는 고통에서

태어나고 시작되었군요. 하지만 우리를   70

괴롭히는 고통은 우리를 익사시키는 게으름[13]보다

덜 심각하지요. 오, 당신은 행복하답니다,

삶이 눈물[14]이었으니! 우리는 게으름의

포대기에 싸여 있고, 우리의 요람과

무덤 위에는 공허함이 꼼짝하지 않고 앉아 있다오.   75

당신의 삶은 별들과 바다와 함께했지요,

---

11 앞의 2번 시에서 찬양한 단테를 가리킨다. 단테는 힘겨운 망명 생활에서도 저승 여행을 주제로 하는 걸작 《신곡》을 완성했다.
12 프란체스코 페트라르카를 가리킨다. 페트라르카의 《칸초니에레》는 대부분 라우라(Laura)에 대한 이룰 수 없는 사랑의 괴로움을 노래한 시집이다.
13 레오파르디는 무엇보다 당시 이탈리아인들의 무기력함과 게으름을 비판하고 있다.
14 페트라르카는 사랑의 괴로움을 주로 눈물에 비유하여 노래하였다.

리구리아의 용감한 후손15이여.

저녁이면 태양이 잠기면서

부딪치는 파도 소리가 들리는 것 같은

해변 너머로, 헤라클레스의 기둥16 너머로 80

끝없는 파도에 몸을 맡기고, 우리 해변에서는

바닥에 닿아 져 버린 태양의 빛살과

밝아오는 낮을 다시 보았으며,17

자연의 모든 장애물을 넘은18 뒤

방대한 미지의 땅이 당신의 여행과 85

위험에서 돌아옴에 대한 영광이었소.

하지만 아아, 알고 나니 세상은

커지지 않고 오히려 줄어들었으니,

메아리치는 창공과 고귀한 땅과 바다는

현자보다 어린이에게 더 방대하게 보인답니다.19 90

---

15 콜럼버스(Christopher Columbus, 1451~1506)를 가리킨다. 콜럼버스는 이탈리아 북서부 리구리아(Liguria) 지방의 항구 도시 제노바 출신 뱃사람으로, 스페인 이사벨 여왕의 후원을 받아 1492년 아메리카를 발견하였다. 콜럼버스는 라틴어식 이름이고(라틴어 발음은 콜룸부스) 원래의 이탈리아어 이름은 크리스토포로 콜롬보(Cristoforo Colombo)이다.
16 원문에는 그냥 colonne, 즉 "기둥들"로 되어 있는데, 지브롤터 해협을 가리킨다. 고전 신화에서 헤라클레스가 12가지 과업 중 하나를 수행하기 위해 당시의 관념에서 세상의 서쪽 끝에 도착하여 두 개의 기둥을 세웠다고 한다.
17 계속 서쪽으로 항해하면서 이탈리아에서 보았을 때 이미 져 버린, 그러니까 수평선의 "바닥에" 도달한 태양과 낮을 보았다는 뜻이다.
18 원문에는 rotto, 즉 "깨뜨린"으로 되어 있다.

우리의 즐거운 꿈들은 어디로 갔나요?[20]

미지의 사람들이 사는

미지의 땅, 낮 동안 별들이 쉬는 숙소,

젊은 아우로라[21]의 머나먼 침대,

제일 큰 행성[22]의 비밀스러운   95

밤잠에 대한 꿈들은 어디로 갔나요?

한순간에 사라져 버렸으니,

세계가 작은 종이에 그려지자마자[23]

바로 모든 것이 비슷해지고, 발견하면서

허무만 커진다오. 오, 사랑하는 상상력이여,   100

방금 도착한 진실은 우리에게

너를 금지하니, 우리 마음은 영원히

너에게서 멀어지고, 세월은

---

19   학문과 지식이 확장되면서 오히려 어린이 같은 순수한 즐거움과 상상력은 줄어듦을 암시한다.
20   지리상의 발견과 함께 고통스러운 현실의 삶을 위로해 주던 상상력과 꿈의 세계, 신화의 세계가 사라져 버렸다는 뜻이다.
21   아우로라(Aurora)는 로마 신화에서 새벽의 여신으로, 그리스 신화의 에오스에 해당한다.
22   태양을 가리킨다. 당시의 일반적 관념에서 태양도 행성이라고 생각하였다. 태양의 "밤잠"이란 태양신이 태양 마차를 몰아 하늘을 돌고 나서 바다 너머에서 쉬고 다음 날 새벽에 다시 나온다는 고전 신화의 관념에서 나온 표현이다.
23   지도로 그려진다는 뜻이다.

예전의 경이로운 네 능력을 빼앗아 가고,
우리 고통의 위안은 죽었구나.   105

그동안24 당신은 달콤한 꿈에서 태어났고,
첫 태양이 당신 얼굴에서 빛났지요,
지금보다 훨씬 덜 슬픈 시대에
삶을 행복한 환상25으로 채워 주던
사랑과 전쟁의 아름다운 노래꾼26이여,   110
이탈리아의 새로운 희망이여. 오, 탑들,
방들, 여인들, 기사들, 정원들,
궁전들이여! 너희들을 생각하면서
내 마음은 수많은 헛된 즐거움 안에서
길을 잃는다오. 인간의 삶은 허영과   115
아름다운 동화, 기발한 생각들로 이루어졌는데,
우리는 그것들을 추방하였으니,
모든 것에서 신선함27을 잃은 지금

---

24 콜럼버스가 아메리카를 발견한 뒤를 말한다.
25 원문에는 errori, 즉 "오류들"로 되어 있다.
26 르네상스 시대의 시인 루도비코 아리오스토(Ludovico Ariosto, 1474~1533)를 가리킨다. 아리오스토는 중세 기사 문학의 전통을 이어받은 걸작 《광란의 오를란도》(*Orlando Furioso*)를 남겼는데, 첫 행에서 사랑과 전쟁에 대하여 노래하겠다고 밝히고 있다. 방대한 분량의 이 작품은 중세 기사들의 모험담과 함께 온갖 상상력을 동원하여 다채로운 사랑과 마법의 이야기들을 펼치고 있다.
27 원문에는 il verde, 즉 "녹색" 또는 "녹음"으로 되어 있다.

무엇이 남아 있나요? 고통 외에 모든 것은
헛되다는 분명하고 쓸쓸한 사실이라오.   120

오, 토르콰토[28]여, 토르콰토여, 우리를 위해
당시 하늘은 탁월한 당신의 마음을 준비하였고,
당신에게는 단지 눈물만 준비하였군요.
오, 불쌍한 토르콰토! 달콤한 노래는,
너무나 뜨거웠던 당신의 영혼을   125
에워싸고 있던 폭군들[29]과 사적인 더러운
적대감[30]과 증오의 얼음을 녹이거나
당신을 위로하는 데 소용없었지요. 사랑은,
우리 삶의 마지막 속임수인 사랑[31]은

---

28 르네상스 시대의 시인 토르콰토 타소(Torquato Tasso, 1544~1595)를 가리킨다. 타소는 십자군 전쟁을 배경으로 하는 서사시 《해방된 예루살렘》(*Gerusalemme Liberata*)을 집필하였으나 광기로 인해 정신병원에 감금되는 등 파란만장한 삶을 살았다. 레오파르디는 타소의 비극적 삶과 관련하여 그를 동시대 사람들에게 인정받지 못한 천재로 보았고, 그에 대한 애정 어린 글을 썼으며 이 작품에서도 비교적 많은 부분을 타소에게 할애하고 있다.
29 타소가 섬기던 페라라의 영주 데스테(d'Este) 가문 사람들을 가리킨다. 특히 알폰소 2세 공작은 광기에 사로잡힌 타소를 강제로 정신병원에 감금하였다.
30 "사적인 더러운 적대감"이란 타소를 중상하고 비방하는 사람들의 적대감을 뜻한다.
31 타소의 광기가 사랑 때문이었다는 소문이 있었다. 타소는 알폰소 2세 공작의 누이 엘레오노라와 애정 관계를 맺었는데, 공작이 그것을 처벌하기 위하여 미쳤다는 누명을 씌워 감금하였다는 것이다. 하지만 확인되지 않은 소문이다. 그래도 그런 전설은 낭만주의 시대에 괴테를 비롯한 많은 작가의 마음을 사로잡았다.

당신을 떠났지요. 허무는 현실적이고　　　　　　　　　　130
확고한 그림자로 보였고, 세상은
황무지로 보였지요. 뒤늦은 영광32에
당신은 눈을 들지 않았고, 마지막 시간은
고통이 아니라 은총이었어요. 우리의 고통을
아는 사람33은 월계관이 아니라 죽음을 원하였군요.　　135

돌아와요, 돌아와, 우리에게로. 적막하고
황량한 무덤에서 일어나요,
만약 고통을 원한다면, 오, 불행의
불쌍한 표본이여. 우리의 삶은 당신에게
매우 비참하고 역겹게 보이던 그때의 모습에서　　　　140
더 나빠졌다오. 오, 사랑하는 사람이여,
모두가 자기 자신만 생각한다면,
누가 당신과 함께 슬퍼할까요?
드물게 위대한 사람이 미쳤다고 하면,
오늘날에도 누가 당신의 치명적인 고통을　　　　　　145
어리석다고 하지 않겠소?
위대한 사람들에게는 적대감보다

32　정신병원에 갇혀 있는 동안에 《해방된 예루살렘》이 출판되면서 커다란 인기를 끌었으며, 여러 증언에 의하면 타소는 로마에서 계관시인으로서 월계관을 받을 계획이었지만 실현되지 않았다고 한다.
33　타소를 가리킨다.

무관심이 더 가혹하지 않나요? 만약
시보다 계산에 더 귀를 기울인다면,
누가 당신에게 다시 월계관을 씌울까요?　　　　　　　　　150

오, 불행한 재능[34]이여, 너에게서
지금까지 이탈리아의 이름에 합당한 사람이
아무도 나타나지 않았는데, 비겁한 시대에
어울리지 않는 한 사람만 예외이니,
용감한 알로브로게스 사람,[35]　　　　　　　　　　　　155
그의 가슴에는 이 우리의 지치고
메마른 땅이 아니라 하늘이
남자다운 역량을 주었기에, 혼자 무기도 없이
(놀라운 용기여!) 무대 위에서
폭군들과 싸웠다오, 최소한　　　　　　　　　　　　　160
그 비참한 싸움과 그 헛된 전투가
세상의 힘없는 분노에 공헌하도록 말이오.
그는 처음으로 혼자 싸움터로 내려갔고,

34　앞의 46행에서 "고귀한 재능"으로 부른 것과 대비된다.
35　비극 작가 비토리오 알피에리(Vittorio Alfieri, 1749~1803)를 가리킨다. 피에몬테 출신 알피에리는 비극 작가이자 이탈리아인의 의식을 고취한 애국자로, 그의 작품은 주로 압제자에게 저항하고 자유를 위해 싸우는 인물들을 그린다. 알로브로게스(Allobroges) 사람들은 고대 켈트족의 한 부족으로 이탈리아 북서부 알프스 산맥 근처를 근거지로 하였다. 여기에서는 피에몬테 사람들을 뜻한다.

누구도 뒤따르지 않았으니, 무엇보다 게으름과
추악한 침묵이 지금 우리를 짓누르고 있다오.   165

경멸하고 분노하면서 그는
삶 전체를 순수하게 이끌었고,
죽음이 추한 광경에서 그를 구했지요.[36]
나의 비토리오, 이것은 당신을 위한
시대나 땅이 아니오. 다른 시대와 다른 자리가   170
뛰어난 재능에 어울린다오. 지금 우리는
평범함과 함께 휴식에 만족하여
살고 있으니, 세상이 똑같이 만들어 준
유일한 경계선으로 현자는 내려갔고,
군중은 올라갔다오.[37] 오, 유명한 발견자[38]여,   175
계속하여 죽은 자들을 깨우시오,
산 자들이 자고 있으니. 옛날 영웅들의
잠든 혀를 깨워[39] 이 진흙의 시대가
마침내 삶을 열망하여 탁월하게
부활하거나, 아니면 부끄러워하게 하소서.   180

---

36 죽음으로써, 더 나빠진 이탈리아의 상황을 보지 않게 되었다는 뜻이다.
37 현자와 일반 대중이 똑같아졌다는 것이다.
38 안젤로 마이를 가리킨다.
39 원문에는 arma le spente lingue, 즉 "꺼진 혀를 무장시켜"로 되어 있다.

04

파올리나 누이의 결혼에[1]

이제 아버지의 평온한

보금자리[2]를 떠나고, 이 쓸쓸한 땅을

너의 눈에 아름답게 비추어 주던

하늘의 선물, 행복했던 환상과 옛날 꿈[3]을

떠나는 너를, 운명은 삶의 먼지와   5

소음 속으로 이끄니, 잔인한 하늘이 우리에게

정해준 부끄러운 시대를 알아야 할 거야,[4]

---

1   1821년 10월에서 12월 사이에 레카나티에서 완성한 칸초네이며 1824년 볼로냐에서 출판된 《칸초니》에 처음 실렸다. 총 7연으로 구성되어 있고, 각 연은 15행(11음절 시행 10개와 7음절 시행 5개)으로 모두 105행이다. 이 작품은 레오파르디가 믿고 의지하던 여동생 파올리나(Paolina, 1800~1869)에게 헌정되었는데, 당시 임박했던 결혼식은 이루어지지 않았다.
2   레카나티에 있는 아버지의 집을 가리킨다.
3   레오파르디는 특히 어린 시절의 꿈과 환상, 상상력이 현실과 삶의 고통을 잊게 해주고 위안을 준다고 생각하였다.
4   원문에는 명령형으로 impara, 즉 "배워라"로 되어 있다.

나의 누이여, 힘들고
어려운 이 시대에 너는
불행한 이탈리아에 불행한 가족을　　　　　　　　　　10
늘려 줄 테니까. 너의 아들들에게
본보기를 마련해 주렴. 잔인한 운명은
인간의 덕성에 부드러운
산들바람을 거부하고, 연약한 가슴에는
순수한 영혼이 깃들지 않는구나.　　　　　　　　　　15

불쌍한 아들 아니면 겁쟁이 아들을
낳겠지. 불쌍한 아들을 선택해라. 타락한
풍습은 행운과 용기 사이에 엄청난
갈등을 일으켰지. 아, 너무 늦었어,
인간사의 저녁[5]에 오늘　　　　　　　　　　　　　　20
태어나는 아기가 행동과 감정을 배우는구나.
하늘이 그걸 알았으면.[6] 네 가슴속에
무엇보다 이것을 유념해라,
너의 아들들은 행운의 친구로
자라지 않고, 비열한 두려움이나　　　　　　　　　　25
희망의 노리개가 되지 않아야

5　세상 또는 인류의 황혼기를 의미한다.
6　원문에는 al ciel ne caglia, 즉 "그것이 하늘에게 중요한 일이라면"으로 되어 있다.

미래에 행복했다고 말한다는 것을.

(게으르고 위선적인 후손의

사악한 방식으로) 우리는 살아 있는

덕성을 경멸하고 죽은 덕성을 찬양하니까.　　　　　　　　　30

여인들이여, 조국은 그대들에게서

적잖은 것을 기대한다오. 인류를

해치고 경멸하라고 그대들의 달콤한 눈빛에

쇠와 불을 길들이는 능력[7]이 주어진 것은 아니라오.

현명하고 강한 자들은 그대들의 지혜를　　　　　　　　　35

생각하고 활용하며, 신의 마차[8]가 감싸는

모든 것이 그대들에게 고개를 숙인다오.

나는 우리 시대의 이성을

그대들에게 요구하오. 그러니까

젊음의 신성한 불꽃이　　　　　　　　　　　　　　　　　40

그대들의 손에서 꺼지나요? 그대들 때문에

우리 본성이 약해지고 깨지나요?

잠든 정신, 가치 없는 욕망,

활력과 기운이 없는 타고난

---

7   고대 그리스의 서정시인 아나크레온(B.C. 570?~480?)은 〈송시 24번〉에서 아름다운 여인은 쇠와 불을 이긴다고 노래하였다.

8   태양을 가리킨다. 그리스 신화에서 태양은 헬리오스가 끄는 불 마차였다. 태양이 감싸는 모든 것이란 태양이 주위를 돌면서 감싸는 이 세상 모든 것을 의미한다.

본성9이 그대들의 잘못인가요? 45

위대한 행동에 박차가 되는 것은,
잘 살펴본다면, 사랑이고, 고귀한 애정을
불어넣는 것10은 아름다움이라오.
영혼에 사랑이 없는 사람의 가슴에서는,
바람들이 싸우듯이 휘몰아칠 때, 50
하늘이 구름을 모으고 폭풍의 굉음이
산을 뒤흔들 때, 심장이
즐거워하지 않는다오.
오, 신부들이여, 오, 처녀들이여,
위험을 피하는 사람, 조국에 55
쓸모없는 사람, 천박한 애정과
욕망을 낮은 것에 둔 사람을
증오하고 경멸하세요,
여성스러운 가슴속에 겁쟁이11가 아닌
남자들에 대한 사랑이 불탄다면. 60

비겁한 아들의 어머니라고 불리는 것을

---

9   원문에는 valor, 즉 "가치"로 되어 있다.
10 원문에는 d'alto affetto / maestra, 즉 "고귀한 애정의 스승"으로 되어 있다.
11 원문에는 fanciulle, 즉 "소녀들"로 되어 있는데, '나약한 남자들'을 뜻한다.

부끄러워하시오. 그대들의 아들이

덕성의 고통과 눈물[12]을 견디는 데에

익숙해지며, 수치스러운 시대가 높이 평가하고

존중하는 것을 비난하고 경멸하게 하시오.   65

조국과 위대한 업적을 위해 자라고,

이 땅이 조상에게 빚진 것을 배우게 하시오.

옛 영웅들에 대한 명성과

기억 사이에서 스파르타의 자식들이

그리스의 이름을 위해 성장하고,   70

젊은 신부는 사랑하는 남편의 옆구리에

믿음직한 검을 채워 주고, 나중에

남편이 지켜 낸 방패[13]에 실려 돌아올 때

핏기 없고 헐벗은 육신 위에

검은 머리칼을 덮듯이[14] 말이오.   75

베르기니아[15]여, 전능한 아름다움은

---

12 덕성을 추구하는 대가로 겪게 될 고통과 슬픔을 가리킨다.
13 목숨을 잃었으나 지켜 낸 방패를 가리킨다.
14 죽은 남편의 시신 위에 쓰러져 슬퍼하는 것을 말한다.
15 베르기니아(Verginia, 이탈리아어 이름은 비르기니아(Virginia))는 기원전 5세기 로마의 전설적 여인이다. 그녀는 평민의 딸로 전 호민관과 약혼한 상태였는데, 귀족 출신의 10인위원회 중 한 명이던 아피우스 클라우디우스가 강제로 그녀를 범하려다 실패하여 소송으로 이어졌다. 아피우스는 소송을 부당한 방향으로 이끌고 갔고, 그녀의 아버지는 딸의 자유를 지키기 위해 기원전 449년 그녀를 살해

천상의 손가락으로 그대의 부드러운 뺨을

쓰다듬었고, 그대의 고고한 경멸에

로마의 미치광이 귀족은

실망하였지요. 그대는 아직 아름다웠고   80

한창 달콤한 꿈으로 이끌리고 있었는데,

아버지의 잔인한 검이 그대의

새하얀 가슴을 꿰뚫었고,

그대는 기꺼이 에레보스[16]로

내려갔어요. 그대는 말했지요, 오, 아버지,   85

노년이 내 육신을 지나가 사라지게 해 주고,

내 무덤을 준비해 줘요, 압제자[17]의

더러운 침대가 나를 받아들이기 전에.

그리고 로마가 내 피에서 생명과 활력을

얻는다면, 내 생명을 끊어 주세요.[18]   90

오, 너그러운 여인이여, 그대의 시절에는

하였다. 이 이야기를 소재로 알피에리(49쪽의 각주 35 참조)는 비극 《비르지니아》를 집필하였다.

16 에레보스는 그리스 신화에서 초기 신으로 하계의 '어둠' 또는 '암흑'을 뜻하는데, 여기에서는 저승을 의미한다.

17 아피우스 클라우디우스.

18 원문에는 mi svena, 즉 "내 혈관을 잘라 주세요"로 되어 있다. 레오파르디는 베르기니아가 조국을 위해 일부러 죽음을 선택했다는 알피에리의 비극을 따랐다.

태양이 오늘날보다 더 찬란하게

빛났는데도, 고귀한 고향 땅이

눈물로 존경하는 무덤에 만족하고

위안을 받고 있군요. 저기, 그대의 95

아름다운 시신 주위로 로물루스[19]의 후손들이

새로운 분노로 불타는군요. 저기,

압제자의 머리칼이 먼지로 더러워지고,

쉽게 망각하는 가슴들을

자유가 불태우고, 정복한 땅에서는 100

어두운 북극에서 더운 경계선[20]까지

라틴의 잔인한 무기[21]가 지배하는군요.[22]

그렇게 완고한 게으름에 파묻힌

영원한 로마를

여인의 죽음[23]이 또다시[24] 되살리는군요. 105

---

19 로물루스(Romulus)는 아이네아스(그리스어 이름은 아이네이아스)의 후손으로, 쌍둥이 형제 레무스를 죽이고 기원전 753년 로마를 건국하였다.
20 아프리카를 가리킨다.
21 원문에는 marte, 즉 전쟁의 신 마르스(그리스 신화의 아레스)로 되어 있는데, 로마의 무력을 가리킨다.
22 원문에는 s'accampa, 즉 "야영하고 있다"로 되어 있다.
23 원문에는 fato, 즉 "운명"으로 되어 있다.
24 베르기니아에 앞서 로마에서는 루크레티아(Lucretia)가 '오만한 왕' 타르퀴니우스의 아들에게 능욕당한 뒤 자결하였고, 그로 인하여 타르퀴니우스가 쫓겨나고 공화정이 시작되었다.

05

팔로네 우승자에게[1]

영광의 얼굴과 즐거운 목소리를
배우라, 행복한 청년이여.
땀에 젖은 역량은 나약한[2] 게으름을
얼마나 능가하는지! 조심해요, 조심해,
담대한 우승자여, (세월의 재빠른   5

---

1   1821년 11월에 쓴 칸초네로, 볼로냐 판 《칸초니》에 처음 발표되었다. 형식은 모두 5연에 각 연은 13행(11음절 시행 11개와 7음절 시행 2개)으로 구성된다. 이 작품은 '팔로네'(pallone) 경기의 우승자이자, 레오파르디의 고향에서 가까운 트레이아(Treia) 출신인 카를로 디디미(Carlo Didimi, 1798~1877)에게 헌정되었다. 줄여서 '팔로네'라고 부르는 '팔로네 콜 브라찰레'(pallone col bracciale)는 이탈리아의 전통 스포츠로 여러 지방에서 다양한 방식으로 진행되었다. 직역하자면 '브라찰레로 하는 공놀이' 정도일 것이다. 팔로네는 '공'을 뜻하고, 브라찰레는 오른쪽 손과 손목을 완전히 감싸는 일종의 나무 라켓인데, 무게가 1~2kg으로 상당히 무거워 경기 중에 팔이 부러지기도 했다. 경기는 한 명씩 또는 2~3명씩 팀을 이루어 진행되었고, 스페인 바스크 지방의 펠로타(pelota)와 비슷하게 벽에다 공을 튀겨 공격하였으며, 테니스와 비슷하게 점수를 매겼다.
2   원문에는 femminile, 즉 "여자 같은"으로 되어 있다.

흐름에 그대 이름이 전리품이 되는 것³을

그대의 가치로 막으려 한다면) 조심하고

마음을 높은 욕망으로 향하시오. 메아리치는

시합장과 경기장, 울려 퍼지는

대중의 환호는 그대를 탁월한 업적으로 부르고,　　　　　　10

오늘 사랑하는 조국은

옛날의 모범들을 새로이 되살리도록

젊음의 활력으로 넘치는 그대를 부른다오.⁴

벌거벗은 운동선수들과 엘리스 들판,⁵

격렬한 시합장을 냉담하게 바라본 사람은　　　　　　15

마라톤⁶에서 오른손을

야만인들의 피로 물들이지 않았고,

축복받은 승리⁷와 월계관⁸을 모방하려는

3　세월의 흐름 속에 명성이 잊히는 것을 암시한다.
4　원문에는 prepara, 즉 "준비한다오"로 되어 있다.
5　엘리스(Ἆλις) 들판은 그리스 펠로폰네소스반도 북서쪽의 지방으로, 그곳의 도시 올림피아에서 기원전 776년부터 고대 올림픽이 개최되었다. 고대 그리스의 운동선수들은 벌거벗고 경기를 하였다.
6　그리스 아테네 북동부의 지명으로 기원전 490년 그리스와 페르시아("야만인들") 사이의 전투가 벌어졌던 곳이다. 마라톤 경기의 이름이 이곳에서 유래하였다.
7　원문에는 palma, 즉 "종려나무"로 되어 있는데, 종려나무의 잎은 승리를 상징하였다.
8　원문에는 그냥 corona, 즉 "관"(冠)으로 되어 있다.

욕망에 이끌리지도 않았다오.

승리한 말[馬]들의 먼지투성이 갈기와　　　　　　　　　20

옆구리를 알페이오스강[9]에서 씻은 사람은

지쳐 달아나는 페르시아인들[10]의

창백한 무리 사이에서 그리스 깃발과

그리스 검을 이끌었고, 그리하여

유프라테스의 깊은 강물과 예속된 땅[11]에서　　　　25

절망의 비명이 울렸다오.

타고난 역량의 감추어진 불꽃들을

드러내고 뒤흔드는 것을 그대는

헛되다고 말하겠소? 병든 가슴속에서

희미한 생명력의 스러지는 열기를　　　　　　　　　30

되살리는 것을 헛되다고 하겠소? 포이부스[12]가

슬픈 마차를 모는 이후로,[13] 사람들의 일은

9　알페이오스(Ἀλφειός)강은 펠로폰네소스반도에서 가장 긴 강으로 엘리스 들판을 가로질러 흐른다.
10　원문에는 Medi, 즉 "메디아인들"로 되어 있는데, 메디아는 카스피해 남쪽의 지역으로 고대 페르시아 제국에 속해 있었다.
11　자유로운 그리스와 달리 유프라테스강 주위의 페르시아는 크세르크세스의 폭정에 시달리고 있었다는 뜻이다.
12　포이부스(Phoebus, 그리스 신화에서는 포이보스(Φοῖβος))는 '빛나는 자'라는 뜻으로, 태양의 신 아폴로(그리스 신화에서는 아폴론)의 별명이다.
13　아폴로가 태양 마차를 모는 것을 말하는데, "슬픈 마차"라고 한 것은 태양이 이

놀이가 아니면 무엇이오? 또한 진실은
거짓말보다 덜 헛된가요? 자연 자체가
즐거운 속임수와 행복의 환영으로   35
우리를 도왔는데,14 불건전한 습관15이
강한 환상16의 유혹을 무너뜨린 곳에서는
사람들이 영광스러운 열정을
어둡고 초라한 게으름으로 바꾸었다오.

이탈리아 건물들의 잔해 위로   40
가축들의 무리가 뛰어다니고,
일곱 언덕17이 쟁기를 느끼는 때가
아마 올 것이며, 몇 번의 태양이 돌고 난 뒤에는
이탈리아 도시들18에 교활한 여우가 살고,
높은 성벽 안에서 음울한 숲이   45
중얼거리는 때가 올 것이오,
만약 운명이 사악한 마음들에서
조국에 대한 불길한 망각을

  세상을 슬픈 날들로 비추었다는 뜻이다.
14 자연이 행복이라는 환상으로 고통스러운 현실을 살아가도록 도와줬다는 뜻이다.
15 근대의 타락한 풍습을 비난하고 있다.
16 고귀한 감정과 행위를 고취하는 긍정적 의미의 환상이다.
17 고대 로마 건국의 터전이 되었던 테베레강 주변의 일곱 언덕을 가리킨다.
18 원문에는 città latine, 즉 "라틴 도시들"로 되어 있다.

씻어내 주지 않고, 과거의 위업들을
기억하면서 너그러워진 하늘이 50
비참한 사람들을 임박한 파멸에서
구해 주지 않는다면 말이오.

오, 훌륭한 젊은이여, 불행한 조국보다
오래 사는 것을 슬퍼하시오.
운명과 우리의 잘못으로 없어진 55
월계관으로 빛나던 당시라면, 그대는 조국을 위해
빛났을 것이오. 시대가 변했고, 이제
그 어머니[19]의 어떤 아들도 존경받지 못하지만
그대 자신을 위해 마음을 하늘로[20] 향하시오.
우리 삶에 가치가 있을까요? 단지 경멸뿐이라오. 60
그렇다면 차라리 위험에 휩싸여 자신을 잊고,
부패하고 느린 시간의 폐해를 고려하지 않고
시간의 흐름에 귀를 기울이는 삶이 행복할 것이며,
차라리 발을 레테[21]의 기슭까지 내디뎠다가
더 즐겁게 돌아가는 삶이 행복할 것이오. 65

---

19 조국 이탈리아를 가리킨다.
20 원문에는 al polo, 즉 "극(極)으로"로 되어 있다.
21 그리스 신화에서 망각의 여신 또는 저승에 흐르는 강으로, 여기에서는 죽음의 문턱을 의미한다.

06
*
소 브루투스[1]

뿌리 뽑힌 이탈리아의 용기[2]가

트라키아의 먼지 속에 거대한 폐허로

누워 있으니, 운명은 이탈리아[3]의

푸른 계곡과 테베레강[4] 변을

---

1   1821년 12월 레카나티에서 쓴 칸초네로 볼로냐 판《칸초니》에 처음 실렸다. 모두 8연으로 되어 있으며, 각 연은 15행(11음절 시행 11개와 7음절 시행 4개)이다. 로마 공화정 말기의 정치가로서 공화정을 수호하기 위해 기원전 44년 율리우스 카이사르의 암살을 주도한 마르쿠스 유니우스 브루투스(Marcus Junius Brutus, B.C. 85~42)에 대한 작품이다. "소(小) 브루투스"라고 부르는 것은 로마의 마지막 왕 '오만한' 타르퀴니우스를 쫓아낸 뒤 공화정을 수립한 루키우스 유니우스 브루투스와 구별하고, 정치가였던 동명의 아버지와도 구별하기 위해서이다.
2   브루투스의 군대를 암시하는데, 여기에서 레오파르디는 고대 로마와 이탈리아를 동일시한다. 카이사르를 암살한 뒤 브루투스는 그리스로 건너갔고, 트라키아 지방의 필리피에서 안토니우스와 옥타비아누스의 연합 군대에 대항하여 싸우다가 패배하여 자살하였다.
3   원문에는 Esperia, 즉 라틴어 "헤스페리아"(Hesperia)로 되어 있는데, '서쪽 나라'라는 뜻이다. 고대 그리스 시인들이 이탈리아를 가리켜 그렇게 부르기도 하였다.
4   테베레(Tevere)강은 로마를 가로질러 흐른다.

야만인의 말들이 짓밟도록   5

마련하고, 차가운 큰곰자리[5] 아래

황량한 숲으로부터

고트족[6]의 검들을 불러

로마의 찬란한 성벽을 부수게 합니다.

땀에 젖고 형제의 피[7]에 젖은   10

브루투스는 어두운 밤 외로운 곳에서

죽으려고 이미 결심하고, 무자비한

신들과 저승[8]을 비난하며,

잠든 대기를 거친 목소리로

헛되이 뒤흔드는군요.   15

어리석은 용기, 공허한 안개,

불안한 유령들의 들판이

그대[9]가 자주 가는 곳[10]이고, 후회가

5　북두칠성을 중심으로 하는 북쪽 하늘의 별자리로, 여기에서는 북극에 가까운 추운 지방을 가리킨다.

6　스칸디나비아반도를 거점으로 하는 게르만족의 일파로, 여기에서는 게르만족 전체를 가리킨다.

7　필리피 전투는 로마인들 사이에 벌어진 일종의 내전이기 때문이다.

8　원문에는 "아베르노"(Averno)로 되어 있다. 이는 이탈리아 남부 쿠마(Cuma, 라틴어 이름은 쿠마이(Cumae))의 분화구에 있는 호수로, 라틴어 이름은 아베르누스(Avernus)이다. 고대 로마인들은 이곳에 저승 세계로 내려가는 입구가 있다고 믿었다.

그대를 쫓는군요. 돌처럼 냉정한 신들이여,

(만약 신들이 플레게톤[11]이나 구름 위에   20

살고 있다면) 당신들이 신전을 올리게 한

불행한 후손이 당신들에게는

노리개나 조롱거리이고,

속임수 가득한 율법은 인간을 모욕하는군요.

그러니까 지상의 경건함[12]이 그렇게   25

천상의 증오를 유발하나요? 유피테르[13]여,

당신은 불경한 자들을 보호합니까?

그러면서 정의롭고 경건한 자들에게

허공에 먹구름을 일으키고, 재빠른 천둥을 던지고,

성스러운 번개를 휘두르는 건가요?   30

불굴의 운명과 무쇠 같은 필연이

병든 노예들[14]을 죽음으로 짓누르니,

그 모욕을 멈출 수 없다면

---

9   브루투스를 가리킨다.
10 원문에는 le tue scole, 즉 "그대의 학교"로 되어 있다.
11 그리스 신화에서 저승을 둘러싸고 흐르는 강 또는 그 강의 신으로 '불의 강'이라는 뜻인데, 여기에서는 지옥을 가리킨다.
12 인간들의 종교를 의미한다.
13 유피테르(Jupiter, 이탈리아어 이름은 조베(Giove))는 로마의 최고신으로, 그리스 신화의 제우스에 해당한다.
14 인간들을 가리킨다.

사람들은 필연적인 피해라고
스스로 위로하지요. 막을 수 없는 악은   35
덜 괴로울까요? 희망 없는 자는
고통을 느끼지 못할까요?
오, 무자비한 운명이여, 굴복할 줄 모르는
용감한 자는 당신과 치명적이고도 영원한
전쟁을 벌이고, 당신의 잔혹한   40
오른팔이 의기양양하게 짓눌러도, 그는
굴하지 않고 몸을 흔들며 의연해지니,
쓰라린 검으로
옆구리를 깊숙이 찌를 때
검은 그림자15에게 쓰디쓴 미소를 짓는군요.   45

격렬하게 타르타로스로 난입하는 자16를
신들은 싫어하지요. 연약한 영원의 가슴17에는
그런 용기가 없을 것이오.
혹시 하늘은 우리의 고통, 쓰라린 운명,
불행한 애정을 게으른 자신의   50
즐거운 구경거리로 삼았나요?

---

15 죽음을 가리킨다.
16 자살하는 사람을 말하는데, 여기에서는 브루투스를 가리킨다.
17 죽지 않는 신들의 가슴을 가리킨다.

한때 여신이며 여왕이었던 자연은

죄악과 불행 속이 아니라

숲속에서의 자유롭고 순수한 삶을

우리에게 내어 주었지요. 지금은 불경한 풍습[18]이

행복한 왕국을 땅바닥에 쓰러뜨렸고, 슬픈 삶을

다른 법칙에 예속시켰으니,

강력한 영혼이 불행한 삶을 거부할 때,

자연은 되돌아와서

자기 것이 아닌 화살[19]을 비난하나요?

죄와 자신의 고통을 모르는[20]

행복한 동물들은 평온한 노년을

예상할 수 없는 길에 맡깁니다.

하지만 고통이 그 동물들을 이끌어,

거친 나무 몸통에 머리를 깨뜨리거나

산 위의 절벽에서 뛰어내려

사지를 바람에 맡긴다면,

신비로운 율법[21]이나 어두운 이론[22]이

---

18 시민적 제도나 합리성을 암시한다.
19 자살에 사용되는 무기를 가리킨다.
20 인간은 문명과 이성을 통하여 죄의식을 갖게 되었다는 것을 암시한다.
21 종교적 율법을 의미한다.
22 원문에는 ingegno, 즉 "재능"으로 되어 있는데, 현학적이고 모호한 철학적 이론

그 비참한 욕망을 방해하지는 않겠지요.
하늘이 생명을 준 모든 생물[23] 중에서,　　　　70
프로메테우스의 아들들[24]이여, 오로지
너희에게만 삶이 지겨운 것이었구나.[25]
무심한 운명[26]이 늦어진다면,
유피테르는 불쌍한 너희들에게만
죽음의 강변을 방해하는구나.[27]　　　　　　75

그리고 새하얀 달이여, 너는
우리의 피가 흘러드는 바다에서 솟아올라
이탈리아의[28] 용기에 치명적인 들판[29]과
불안한 밤을 바라보고 있구나.
승리자는 형제의 가슴을 짓밟고,　　　　　　80
언덕이 전율하고, 맨 꼭대기부터

을 가리킨다.
23　원문에는 stirpi, 즉 "종족들" 또는 "혈통"으로 되어 있다.
24　인류를 가리킨다. 그리스 신화에 의하면 프로메테우스가 진흙을 빚어 최초의 인간을 만들었다고 한다.
25　여기부터는 브루투스가 자살하기 전에 절규한 말을 그대로 직접화법으로 인용한다.
26　죽음을 가리킨다.
27　종교, 특히 그리스도교에서 자살을 죄로 간주하고 금기시하는 것을 비판하고 있다.
28　원문에는 ausonio, 즉 "아우소니아의"로 되어 있는데, 아우소니아는 이탈리아 남부 캄파니아 지방의 일부를 가리키던 고대 용어로 넓은 의미에서 이탈리아를 뜻한다.
29　필리피 전투가 벌어진 들판을 가리킨다.

오랜 로마가 무너지는데,

너는 어찌 그토록 평온한가? 너는 태어나는

라비니아[30]의 후손과 행복한 나날들과

기억할 만한 승리를 보았는데,   85

예속된 이탈리아의 이름에

치욕스럽게, 그 외로운 곳[31]이

야만인들의 발아래 울릴 때도[32]

너는 산 위에서 말없이

변함없는 빛을 뿌리겠지.   90

저기 황량한 바위 사이의 짐승이나

녹색 나뭇가지 위의 새는

가슴에 일상적인 망각을 안고,

거대한 폐허[33]와 세상의

뒤바뀐 운명을 모르지. 부지런한 농부의   95

지붕이 언제나처럼 붉게 물들자마자

새는 아침 노래로

---

30 라비니아(Lavinia)는 고대 이탈리아반도 중부에 위치하던 라티움의 왕 라티누스의 딸로, 트로이아가 멸망한 뒤 그곳으로 건너간 아이네아스와 결혼했다. 그들의 후손 로물루스(57쪽의 각주 19 참조)가 나중에 로마를 건국하게 된다.
31 뒤이어 말하는 야만인들이 살던 곳을 가리킨다.
32 말하자면 야만인들이 자신들이 살던 곳에서 출발하여 공격해 올 때를 가리킨다.
33 위에서 말한 로마의 폐허이다.

계곡을 깨우고, 짐승은

높은 곳에서 작은 동물들의

허약한 무리를 뒤쫓을 거야.   100

오, 운명34이여! 헛된 종족이여! 우리는

사물들의 초라한 일부일 뿐.

우리의 불행은 피에 젖은 흙이나

메아리치는 동굴도 뒤흔들지 못했고,

인간의 고뇌는 별빛도 퇴색시키지 못했어.   105

나35는 죽으면서 올림포스나 코키토스36의

귀머거리 신들도, 치욕적인 땅이나

죽어 가는 밤도 부르지 않고, 음울한 죽음의

마지막 빛살, 깨어 있는 미래 세대여,

너도 부르지 않으리. 악한 무리의 눈물이   110

경멸하는 무덤37을 위로하고 칭찬이나 선물로

장식한 적이 있는가? 세월은 더 밑으로

곤두박질했고, 고귀한 마음들의 영광과

패배에 대한 고결한 복수는

---

34 원문에는 casi, 즉 "우연들"로 되어 있다.
35 여전히 소 브루투스가 말하고 있다.
36 그리스 신화에서 저승을 둘러싸고 흐르는 강 또는 그 강의 신으로, 플레게톤강과는 반대로 얼음처럼 차가운 물이 흐른다.
37 경멸하는 마음을 가진 자의 무덤을 의미한다.

부패한 후손들에게　　　　　　　　　　　　　　　　115
헛되이 맡겨졌구나. 내 주위에는
탐욕스러운 검은 새[38]가 날고,
짐승이 무명의 시신을 짓밟고,
먹구름이 찢고,
바람이 내 이름과 기억을 가져가겠지.　　　　　　120

38　죽음을 상징하는 까마귀를 가리킨다.

07
*
봄에게 또는
옛날 신화에 대하여[1]

태양은 하늘의 피해를

복원하고,[2] 봄바람[3]은 무기력한 대기를

되살리니, 구름의 무거운 그림자는

흩어지고 달아나 계곡으로 내려가고,

새들은 연약한 가슴을   5

바람에 맡기고, 낮의 햇살은

숲속으로 들어가 녹은 눈[4] 사이에서

---

1 1822년 1월 레카나티에서 쓴 칸초네로 볼로냐 판 《칸초니》에 처음 실렸다. 형식은 모두 5연이고 각 연은 19행(11음절 시행 14개와 7음절 시행 5개)으로 이루어져 있으며, 단지 일부만 각운을 맞추고 있다.

2 로마의 시인 호라티우스(Quintus Horatius Flaccus, B.C. 65~8)의 구절을 인용하고 있다. 호라티우스는 《서정시》(*Carmina*) 1권의 7번 서정시 13행에서 "달은 하늘의 피해를 재빨리 복원한다"(Damna tamen celeres reparant caelestia lunae)고 노래했다. 겨울이 지나고 봄이 오는 것을 가리킨다.

3 원문에는 zefiro로 되어 있는데, 그리스 신화의 제피로스(Ζέφυρος)를 가리킨다. 봄에 서쪽에서 불어오는 따뜻한 바람을 상징한다.

동요된 동물들에게 새로운 희망,

새로운 사랑의 욕망을 불어넣는구나.

혹시 피곤하고 고통에 파묻힌 10

사람들의 마음에,

불행과 진실의 어두운 횃불이

성급하게 소멸시킨 아름다운 시절이

돌아올까? 불쌍한 자에게

포이부스의 빛은 영원히 15

어두워지고 꺼지지 않았던가? 그리고

향기로운 봄이여, 이 차가운 가슴을,

꽃다운 시절에 쓰라린 노년을 배우는

이 가슴을 아직도 자극하고 유혹하는가?

오, 신성한 자연이여, 너는 살아 있는가? 20

살아 있는가? 살아서 익숙하지 않은 귀로

어머니의 목소리를 듣고 있는가?

언젠가 강변은 새하얀 요정들의 집이었고,

맑은 샘은 평온한 집이자

거울이었지. 신들[5]의 25

---

4 원문에는 pruine, 즉 "서리"로 되어 있다.
5 원문에는 immortal piede, 즉 "불멸의 발"로 되어 있는데, 이어지는 "춤"과 연결된다.

신비로운 춤은 무너진 산등성이와,

(지금은 바람들의 외진 보금자리인)

험준한 숲을 흔들었고, 목마른 양들을

꽃 핀 강변과 한낮의 흔들리는

그늘로 몰고 가던   30

목동은 숲속 판 신들6의

날카로운 피리 소리를 강변에서

들었고, 물결이 떨리는 것을 보고

깜짝 놀랐지. 눈에 보이지는 않지만

활을 둘러멘 디아나7가   35

따스한 물속으로 들어가 새하얀 옆구리와

순결한 팔에서 핏빛 사냥의

더러운 먼지를 씻는다는 것을 알았으니까.

한때 꽃과 풀이 살았고,

숲이 살았지. 부드러운 산들바람,   40

구름, 티탄의 등불8은

---

6 고전 신화에서 제우스와 요정 사이에 태어난 판(Πᾶν) 신들은 인간과 염소가 합쳐진 모습으로 묘사되며 목동들의 수호신이다. 로마 신화의 파우누스(Faunus)에 해당한다.

7 원문에는 그냥 Diva, 즉 "여신"으로 되어 있는데, 숲과 사냥의 여신 디아나(그리스 신화에서는 아르테미스)를 가리킨다.

8 태양을 가리킨다. 그리스 신화에서 태양의 신 헬리오스는 티탄 신족(神族) 히페

인간을 알고 있었고, 당시에는

베누스의 빛[9]이여, 황량한 밤에

강변과 언덕을 따라 여행자가

환한[10] 당신을 주의 깊게 뒤따르면서,　　　　　　　　45

인간들을 생각하는 당신을

길의 동반자로 상상하였지. 누군가는

도시의 불순한 무리와 치명적인

분노와 모욕을 피해 달아나면서

멀고 깊은 숲속에서 거친 나무 몸통을　　　　　　　　50

가슴에 껴안을 때면 느꼈어,

고통스러운 포옹 속에서

생생한 불꽃이 창백한 혈관을 뒤흔들고,

나뭇잎들이 숨을 쉬고, 다프네[11] 또는

슬픈 필리스[12]가 몰래 전율하고,　　　　　　　　　　55

　　　리온의 아들이기 때문에 그렇게 부르고 있다.
9　원문에는 ciprigna luce, 즉 "키프리스의 빛"으로 되어 있는데, 달빛을 가리킨다. 고대인들은 달을 베누스라 부르곤 했는데 또한 이 베누스를 키프리스(Cypris), 즉 '키프로스의 여인'으로 일컫기도 했다. 베누스가 키프로스에서 태어났다고 믿었기 때문이다.
10　원문에는 ignuda, 즉 "벌거벗은"으로 되어 있는데, 구름에 가리지 않은 것을 그렇게 표현하고 있다.
11　고전 신화에 나오는 숲의 요정으로, 에로스의 심술로 인해 사랑에 빠진 아폴로에게 쫓겨 달아나다가 월계수로 변했다.
12　고전 신화에 나오는 트라키아의 공주로, 그곳을 방문한 테세우스의 아들 데모폰을 사랑하여 결혼했다. 그러나 돌아오겠다는 약속과 함께 아테네로 떠난 뒤 오지

에리다노스에 태양을 빠뜨린 자 때문에

클리메네13의 절망한 딸들이 우는 것을.

험준한 절벽들이여, 너희는

고통스러운 인간의 비통한 절규에

무심하지 않았으니, 그 당시 너희의   60

두려운 동굴에는 바람들의

거짓된 장난14이 아닌 외로운 에코,15

심각한 사랑과 가혹한 운명으로

부드러운 육신에서 쫓겨난 요정의

불쌍한 영혼이 살았지. 그녀는 동굴에서,   65

황량한 절벽에서, 외로운 거주지에서

모두가 아는 고뇌16와 강렬하고 부서진

   않는 데모폰을 기다리다가 절망하여 나무에 목을 매 죽었고, 아몬드나무로 변했
   다고 한다.
13 고전 신화에 나오는 오케아노스의 딸로, 태양신 헬리오스와의 사이에서 딸들(헬
   리아데스)과 파에톤을 낳았다. 파에톤은 태양 마차를 잘못 몰다가 유피테르의 벼
   락을 맞아 에리다노스강으로 떨어져 죽었고, 누이들인 헬리아데스는 그의 죽음
   을 슬퍼하여 울다가 포플러로 변했다고 한다. 고대 로마인들은 에리다노스강이
   이탈리아반도 북부를 가로질러 흐르는 포(Po)강이라고 믿었다.
14 원문에는 vano error, 즉 "헛된 오류"로 되어 있다.
15 고전 신화에 나오는 산의 요정으로, 유노(그리스 신화에서는 헤라)에 의해 남의
   말만 반복하는 벌을 받았다. 그로 인해 나르키소스에게 사랑하는 마음을 전하지
   못하였고, 깊은 동굴에 숨어 살다가 목소리만 남았다.
16 원문에는 le non ignote ambasce, 즉 "모르지 않는 고뇌"로 되어 있는데, 모두가

우리의 탄식을 둥근 하늘로

반복하였지. 그리고 우거진 숲속에 와서

새로운 해를 노래하는 새[17]여,　　　　　　　　　　70

소문에 의하면 너도

인간들의 사건을 잘 알고 있었고,

들판의 깊은 적막함[18] 속에서

고요하고 어두운 허공을 향해

오래된 고통과 파렴치한 모욕,　　　　　　　　　　75

분노와 연민으로 창백해진 낯을 탄식하였지.

하지만 네 종족은 우리와 같지 않고,

고통은 너의 그 다양한 음계를

만들지 못하고, 어두운 계곡에 숨은

　　　알고 있는 사랑의 고뇌라는 뜻이다.
17　나이팅게일을 가리킨다. 그리스 신화에서 아테네의 왕 판디온에게는 두 딸 프로크네와 필로멜라가 있었는데, 프로크네는 트라키아의 왕 테레우스와 결혼하여 아들 이티스를 낳았다. 그런데 테레우스는 처제, 즉 프로크네의 동생 필로멜라를 겁탈한 뒤 발설하지 못하도록 혀를 잘라 버렸다. 이 사실을 알게 된 프로크네는 그에게 복수하기 위해 아들 이티스를 죽여 그 고기를 테레우스가 먹게 한 뒤 필로멜라와 달아났다. 테레우스에게 쫓기며 두 자매는 신들에게 애원하였고, 신들은 자매를 새로 변하게 하여 프로크네는 나이팅게일이 되었으며 필로멜라는 제비가 되었다(출전에 따라 반대로 이야기하기도 한다). 또한 테레우스는 후투티가 되었고, 이티스는 유럽울새 또는 오색방울새가 되었다.
18　원문에는 alto ozio, 즉 "커다란 한가함"으로 되어 있는데, 한밤중의 적막함을 가리킨다.

죄 없는 너를 향한 우리의 사랑은 줄어만 가지.[19]　　　　　80
아, 아, 올림포스의 방들이 텅 비고,
천둥은 어두운 구름과 산을
장님처럼 방황하게 된 이후로,
사악한 마음과 순수한 마음이 똑같이
차가운 공포[20] 속에 흩어지고, 태어난 땅이　　　　　85
이질적인 것이 되고, 자기 후손을 모른 채
슬픈 영혼들을 기르고 있으니,
사랑스러운 자연이여, 인간들의 불행한
번민과 덧없는 운명에 귀를 기울이고,
내 정신에 옛 불꽃[21]을　　　　　90
돌려 다오. 만약 네가 아직 살아 있고,
하늘이나 양지바른 땅에, 아니면
깊은 바다 안에, 자비롭지는 않더라도
최소한 우리의 고통에 대한
진실한 구경꾼이 있다면.　　　　　95

19　나이팅게일의 비극적 사건에 대해 현대인들은 옛날 사람들처럼 유대감을 느끼지 못한다는 뜻이다.
20　죽음에 대한 공포이다.
21　고대인들의 신화 같은 감성과 상상력의 열정을 가리킨다.

08
*
조상들에 대한 찬가
또는 인류의 기원에 대하여[1]

인간 후손의 탁월한 아버지들이여,
고통스러운 후손의 노래가 당신들을
칭송하며 기억할 것이오.[2] 별들의 영원한
원동자(原動子)[3]가 우리보다 더 사랑하고,
최고의 빛 속에 태어나 우리보다 덜 불쌍한   5
당신들을. 초라한 인간에게 치유할 수 없는
고통으로 눈물 속에 태어나고,
어두운 무덤과 극단적인 운명을
천상의 빛보다 달콤하게 받아들이도록
연민이나 하늘의 올바른 율법이   10
강요한 것은 아니라오. 당신들의

---

1   1822년 7월 레카나티에서 쓴 칸초네로 볼로냐 판 《칸초니》에 처음 실렸다. 형식은 운율을 맞추지 않은 11음절 시행들로 이루어져 있다.
2   원문에는 ridirà, 즉 "다시 말할 것이오"로 되어 있다.
3   별들을 움직이고 이 세상을 움직이는 창조주를 가리킨다.

옛 실수[4]로 인류는 질병과 고통의
포악한 권력에 시달리게 되었다고
오래된 소문은 말하지만, 후손의
더 불경한 죄들, 불안정한 마음,[5]   15
엄청난 광기로 우리는 모욕당한 하늘[6]과
어머니 자연의 무관심한 손에 대항하였으니,
생명의 불꽃은 우리에게 지겨워졌고,
어머니의 배에서 태어남이
혐오스러워졌고, 절망한 에레보스[7]가   20
폭력적으로 땅에 나타났다오.

인간 가족의 아버지이며 오래된 지도자[8]여,
당신이 낮과 회전하는 천구의
눈부신 빛, 들판의 새로운 자손을
처음으로 바라보고, 새로운 풀밭 위로   25
떠도는 산들바람을 관조하였을 때,
산 위에서 떨어지는 물은

---

4 그리스도교에서 말하는 원죄를 암시한다.
5 끝없이 추구하는 지식에 대한 욕망을 암시한다.
6 원문에는 "올림포스"로 되어 있다.
7 그리스 신화에서 '어둠' 또는 '암흑'을 신격화한 대상으로서 종종 하데스, 즉 저승과 동일시된다. 여기에서는 생명과 행복의 왕국이었던 지상 세계가 죽음의 왕국으로 변했다는 뜻이다.
8 아담을 가리킨다.

엄청난 굉음으로 황량한 계곡과

절벽에 부딪쳤고, 미래에

유명한 사람들과 시끄러운 도시들이 들어설   30

즐거운 자리에는 미지의 평화가

지배하였고, 경작하지 않은 언덕에는

황금빛 달과 태양의 따뜻한 빛살이 홀로

조용히 내려앉았지요. 오, 죄를 모르고

비참한 사건을 모르는 외진 땅은   35

행복했구나! 오, 불행한 아버지여,

당신 자손에게 운명은 얼마나 많은 고통과

얼마나 다채로운 종류의 쓰라린 비극을

준비했는지! 저기 새로운 분노가

형제 살해의 피로 메마른 경작지를   40

더럽히고,9 신성한 하늘은 역겨운

죽음의 날개를 배우는군요.

형제 살해자는 떨고 방황하며

외로움의 그늘과 깊은 숲속에 숨은

바람의 분노로부터 달아나고,   45

비참한 두려움에 도시10와 주택, 왕국을

처음으로 세우고,11 절망한 후회는

---

9   아담의 맏아들 카인이 동생 아벨을 살해한 것을 가리킨다.
10 원문에는 civili tetti, 즉 "시민의 지붕들"로 되어 있다.

불쌍하게 숨을 헐떡이며 처음으로

눈먼 사람들을 공동의 은신처로

모아 결속시키니, 거기에서 부정한 손은　　　　　　　50

구부정한 쟁기를 거부하고, 농촌의 땀은

초라한 것이 되었고, 게으름이 사악한

집들12을 점령하였고, 무기력한 육체에서는

타고난 활력이 잠들었고, 정신은 무지하고

허약하게 누웠고, 예속이 최악의 고통으로　　　　　55

허약한 인간의 삶을 껴안았군요.

그리고 당신13은 위협하는 하늘과 구름에 덮인

산 위에서 울부짖는 파도로부터

사악한 씨앗14을 구해냈고, 당신에게

새하얀 비둘기가 캄캄한 하늘과　　　　　　　　　　60

헤엄치는 산꼭대기15에서 새로운 희망의

징표를 가져왔고, 오랜 구름에서

석양의16 태양은 난파자처럼 나와

11　자연으로부터 멀어지면서 최초의 도시를 세우고 사회를 조직하였다는 것이다.
12　원문에는 soglie, 즉 "문지방들"로 되어 있는데, 제유로 집을 가리킨다.
13　노아를 가리킨다.
14　인류를 가리킨다.
15　산꼭대기가 물 밖으로 겨우 솟아나 있는 것을 그렇게 표현하였다.
16　노아가 날려 보낸 비둘기가 저녁때 올리브 잎을 물고 돌아와 물이 빠진 것을 알렸기 때문이다(〈창세기〉 8장 11절 참조).

어두운 하늘에 아름다운 무지개를 그렸지요.
구원받은 사람들은 다시 땅으로 돌아갔고,　　　　　　　　65
잔인한 성향과 사악한 일들, 그에 따른
고통을 다시 펼쳐 보였지요. 불경스러운 오른손은
복수하는 바다[17] 건너 미지의 땅들까지
위협하였고, 새로운 해변과 새로운 별들에게
불행과 눈물을 가르쳤답니다.[18]　　　　　　　　　　　　70

경건한 자들의 아버지[19]여, 나의 가슴은
정의롭고 강한 당신과 너그러운 후손을
생각하고 있습니다.[20] 그리고 말하겠소,
당신의 양 떼가 풀을 뜯고 쉬는
한낮의 부드러운 강변에서　　　　　　　　　　　　　　75
편안한 숙소의 그늘에 혼자 앉아 있을 때,
하늘의 마음들이 천상의 순례자로 위장하고
당신을 축복하였지요.[21] 그리고 현명한
레베카의 아들[22]이여, 당신은 저녁에

17　바다는 건너가는 사람을 빠뜨려 죽이기도 하기 때문이다.
18　근대에 이루어진 신대륙의 발견과 식민지 개척 및 그에 따른 비극을 가리킨다.
19　아브라함을 가리킨다.
20　찬양하기 위해 준비하고 있다는 뜻이다.
21　"주님께서는 마므레의 참나무들 곁에서 아브라함에게 나타나셨다. 아브라함은 한창 더운 대낮에 천막 어귀에 앉아 있었다. 그가 눈을 들어 보니 자기 앞에 세 사람이 서 있었다."(〈창세기〉 18장 1~2절)

목동들이 자주 찾는 즐거운 곳,　　　　　　　　　　　　80

달콤한 하란 계곡23의 소박한 우물 옆에서

라반의 사랑스러운 딸24에 대한 사랑에

사로잡혔으니, 그 꺼지지 않는 사랑으로

용감한 영혼은 오랜 망명과 오랜 노고,

증오스러운 멍에의 예속에　　　　　　　　　　　　　85

기꺼이 복종하였지요.25

이 불쌍한 땅은 예전에 분명 우리 인류에게

우호적이고 즐겁고 사랑스러운 곳이었고,

(시인들의 시26와 이야기27는

헛된 환상과 그림자로 목마른28 민중을　　　　　　　　90

22　이삭과 레베카의 아들 야곱을 가리킨다.
23　성경에 나오는 지명으로 오늘날 튀르키예 동남부, 티그리스강과 유프라테스강의 상류에 있던 고대 도시라고 한다.
24　라헬.
25　야곱은 라헬을 아내로 맞이하기 위해 14년 동안 라반에게 봉사하였다(〈창세기〉 29장 9~30절 참조).
26　원문에는 l'aonio canto, 즉 "아오니아의 노래"로 되어 있다. 아오니아(Aonia)는 그리스 보이오티아 지방의 일부로, 무사(Μοῦσα) 여신들과 아폴로가 산다고 알려진 신성한 헬리콘산이 있다.
27　원문에는 della fama il grido, 즉 "소문의 외침"으로 되어 있는데, 떠도는 이야기를 가리킨다.
28　원문에는 avida, 즉 "탐욕스러운"로 되어 있는데, 신화나 동화를 열렬하게 원한다는 뜻이다.

충족시킬 수 없지요) 우리의 덧없는
삶은 행복하게 달렸다오. 비록 젖의 강물이
솟아나는 절벽29의 옆구리를 순결하게
적시지 않았고, 목동은 양 떼와 뒤섞인
호랑이를 일상의 우리로 데려가거나   95
장난삼아 늑대를 샘물로 데려가지 않았지만,
인류는 자신의 운명과 고통을 모르고
고뇌에서 벗어나 자유롭게 살았으며,
하늘과 자연의 감추어진 율법은
달콤한 환상, 속임수,   100
태초의 부드러운 베일30이 되었고,
우리의 평온한 배는
희망에 만족하여 항구로 들어갔지요.

방대한 캘리포니아 숲속에서는 그렇게
행복한 후손이 태어나니, 창백한 걱정이   105
그 가슴을 빨지 않고, 집요한 질병이
그 사지를 붙잡지 않으며, 숲은 음식을,
절벽의 동굴은 보금자리를, 계곡은 물을

---

29   원문에는 balze materne, 즉 "어머니의 절벽"으로 되어 있는데, 젖의 강물이 솟아나는 절벽이라는 뜻이다.
30   진실을 가리는 베일이다.

제공하고, 어두운 죽음의 날은

예상치 않게 닥쳐오지요. 오, 사악한 110

우리의 의지와 달리 현명한 자연의 왕국은

무방비로구나! 집요한 우리의 광기는

평온한 숲과 해변과 동굴을

침범하고, 약탈당한 사람들에게

이상한[31] 고통과 모르고 있던 욕망을 115

가르치고, 태양이 지는 곳까지[32]

덧없고 헐벗은 행복을 뒤좇는구나.

---

31 먼 곳에서 왔기 때문에 이상하다고 말한다. 유럽인들이 아메리카 대륙을 정복하고 원주민들("약탈당한 사람들")에게 큰 피해를 준 것을 비판하고 있다.

32 원문에는 per l'imo sole, 즉 "가장 낮은 태양까지"로 되어 있는데, 태양이 지는 곳을 가리킨다. 여기에서는 아메리카 대륙의 서쪽 끝을 암시한다.

09
*
사포의 마지막 노래[1]

평온한 밤이여, 지는 달의
정결한 빛이여, 그리고 절벽 위의
고요한 숲에서 나와 새벽을 알리는
별[2]이여, 에리니스[3]들과 운명을
몰랐을 때, 그대들은 내 눈에 즐겁고　　　　　　　　　　5
소중하게 보였는데, 달콤하던 모습도
희망 없는 마음에게 더는 미소를 보내지 않는군요.
뜻밖의 행복이 우리에게 생기를 주는 순간,
맑은 허공과 혼란스러운 들판으로

1　1822년 5월 레카나티에서 쓴 칸초네로 볼로냐 판 《칸초니》에 처음 실렸다. 총 4연이고 각 연은 18행인데, 단지 마지막 2행만 각운을 맞추고 있다. 사포(Sappho)는 기원전 7~6세기 그리스 레스보스섬 출신의 여성으로 뛰어난 서정시인이었다.
2　샛별, 즉 금성을 가리킨다.
3　에리니스(복수형은 에리니에스)는 그리스 신화에 나오는 복수의 여신들로 보통 세 자매로 알려져 있다. 로마 신화에서는 푸리아(복수형은 푸리아이)이다.

노토스4의 먼지 많은 바람이 휘몰아치고,   10

유피테르의 무거운 천둥5이

우리의 머리 위로 울리고,

어두운 대기를 가른다오.

우리는 절벽과 깊은 계곡에서,

구름 속에서 헤엄치는 것을 좋아하고,   15

놀란 양들이 사방으로 달아나는 것이나,

깊은 강에서 위험한 기슭에 부딪치는

파도의 요란한 소리와 분노를 좋아한답니다.

오, 신성한 하늘이여, 당신의 외투는 아름답고,

이슬 젖은 땅이여, 당신도 아름답군요. 아, 신들과   20

잔인한 운명은 이 불쌍한 사포에게

그렇게 무한한 아름다움을 조금도

내어 주지 않는군요. 오, 자연이여, 당신의 오만한

지배를 받는 나는 초라하고 귀찮은 손님처럼,

경멸당한 연인처럼 헛되이 애원하면서   25

매혹적인 당신 모습에 내 마음과 눈길을

보낸다오. 햇살이 비치는 기슭과

새벽 여명은 창공의 문에서 나에게

---

4 고전 신화에 나오는 남쪽 바람의 신이다.
5 원문에는 carro, 즉 "마차"로 되어 있는데, 유피테르의 무기인 천둥을 가리킨다.

웃지 않고, 나에게는 여러 색깔의 새들이
노래하지 않고, 참나무들은 속삭이는　　　　　　　　　　30
인사도 하지 않으며, 맑은 개울은
늘어진 버드나무 그늘 밑에
순수한 물을 펼치면서도 경멸하듯이
미끄러지는 내 발에서
굽이진 물결을 빼앗아　　　　　　　　　　　　　　　　35
향기로운 기슭으로 달아나게 쫓는다오.

태어나기도 전에 도대체 어떤 죄악,
어떤 역겨운 과오로 더럽혀졌기에, 하늘과
운명의 얼굴은 내게 그토록 사나운가요?
삶이 악행을 모르던 어린 시절에　　　　　　　　　　　40
어떤 죄를 지었기에, 나중에는
젊음과 젊음의 꽃도 빼앗긴 채,
달랠 수 없는 파르카[6]의 물렛가락에서
내 어두운 실이 감기나요? 너의[7] 입술은
경솔한 소리를 퍼뜨리지만, 신비로운 의지가　　　　　45
예정된 사건들을 움직이지. 우리의 고통 외에는

6　로마 신화에서 파르카(Parca, 복수형은 파르카이(Parcae))는 운명의 여신으로, 세 자매이다. 각각 운명의 실을 잣고, 재고, 자르는 일을 맡는다. 그리스 신화의 모이라(복수형은 모이라이)에 해당한다.
7　여기에서 사포는 자기 자신에게 말한다.

모든 것이 신비로워. 버림받은 자식으로서
우리는 고통받도록[8] 태어났고, 그 이유는 하늘의
품 안에 있어. 오, 젊은 시절의 욕망이여,
희망이여! 유피테르[9]는 사람들의 모습에,   50
아름다운 모습에 영원한 지배권을 주었으니,[10]
위대한 위업에서도,
뛰어난 시나 음악[11]에서도 덕성은
아름다운 옷을 입지 않으면 빛나지 않는구나.

나는 죽을 것이오.[12] 하찮은 옷은 땅에 벗어 두고   55
벌거벗은 영혼은 플루토[13]에게 갈 것이며,
운명을 나눠 주는 눈먼 자의 잔인한 실수를
바로잡을 것이오. 그러면 그대,[14] 오랜 사랑과
오랜 믿음, 채워지지 않는 욕망의

---

8 원문에는 al pianto, 즉 "울도록"으로 되어 있다.
9 원문에는 대문자로 시작되는 Padre, 즉 "아버지"로 되어 있다.
10 외모의 아름다움을 중요하게 여겼다는 뜻이다.
11 원문에는 lira o canto, 즉 "리라 또는 노래"로 되어 있다.
12 원문에는 morremo, 즉 "우리는 죽을 것이오"로 되어 있는데, 위에서 "우리"라고 부른 것에 맞추어 그렇게 표현하고 있다.
13 원문에는 Dite로 되어 있는데, 로마 신화의 디스 파테르(Dis Pater)를 가리킨다. 땅속의 부를 다스리는 신으로 그리스 신화의 플루톤, 즉 하데스와 동일시되었다.
14 사포와 사랑에 빠졌던 파온을 가리킨다. 그리스 신화에서 파온은 레스보스섬의 뱃사공으로 늙고 추했는데, 베누스를 태워 준 뒤 아름다운 젊은이가 되어 사포와 사랑에 빠졌다고 한다.

공허한 광기로 헛되이 나와 묶인 그대는　　　　　　　　60

행복하게 살아요, 혹시 지상에 태어나

행복하게 살았던 인간이 있다면. 유피테르는

아끼는 항아리의 달콤한 물[15]로 나를

씻지 않았으니, 내 소녀 시절의

꿈과 착각은 죽었다오. 우리 나이의　　　　　　　　　65

가장 행복한 날은 가장 먼저 사라지고,

병과 노년, 차가운 죽음의 그림자가

몰래 스며들지요. 열망하던 수많은

영광과 행복한 꿈들에서 이제는

타르타로스만 남았고, 용감한 내 재능은　　　　　　70

이제 프로세르피나[16]와 어두운 밤,

고요한 강[17]이 갖고 있다오.

15　행복을 주는 물에 대한 이미지는 호메로스의 《일리아스》 24권 527~530행에서 가져온 것이다. "제우스의 궁전 마룻바닥에는 두 개의 항아리가 놓여 있는데 / 하나는 나쁜 선물이, 다른 하나는 좋은 선물이 가득 들어 있지요. / 천둥을 좋아하는 제우스께서 이 두 가지를 섞어서 주시는 사람은 / 때로는 궂은일을 만나기도 하고 때로는 좋은 일을 만나기도 하지요."(천병희 옮김, 숲, 2007)

16　원문에는 tenaria Diva, 즉 "테나로의 여신"으로 되어 있다. 테나로(Tenaro)곶(또는 마타판(Ματαπάς)곶)은 그리스 최남단의 곶으로, 고대 그리스인들은 저승의 입구가 여기에 있다고 믿었다. 로마 신화에서 프로세르피나(그리스 신화에서는 페르세포네)는 곡물의 여신 케레스(그리스 신화에서는 데메테르)의 딸로서 플루토에게 납치되어 그의 아내가 되었다.

17　저승에 흐르는 강을 가리킨다.

10
*
첫사랑[1]

처음으로 사랑의 번민[2]을 느꼈던 날이
머릿속에 떠오르는구나. 나는 말했지,
세상에, 이것이 사랑이라면 얼마나 괴로운지!   3

눈으로는 계속 땅바닥을 뚫어지게 응시하면서
나는 이 심장[3]에 예기치 않게[4] 처음으로

---

1   아버지의 사촌 제르트루데 카시(Gertrude Cassi, 1791~1853)가 1817년 12월 레카나티를 방문했을 때 예기치 않게 그녀를 사랑하게 되면서 쓴 작품이다. 레오파르디는 젊은 시절의 일기에서 그 사랑에 대해 이야기한다. 일부에서는 1818년 후반에 쓴 것으로 보기도 하는 이 작품은 1826년 볼로냐의 스탐페리아 델레 무세 (Stamperia delle Muse) 출판사에서 발행한 시집 《베르시》(*Versi*)에 〈엘레지 I〉 (*Elegia I*)이라는 제목으로 처음 실렸다(〈엘레지 II〉는 뒤의 "단편들" 파트에 38번 시로 실렸는데, 제목 없이 "나는 여기 문지방 주위에서 방황하며"로 시작한다). 페트라르카풍 회상이 가득한 이 작품은 18세기 사랑의 엘레지 전통에 따라 11음절 시행 3개가 하나의 연을 구성하는 3행연구(三行聯句) 형식으로 되어 있다.
2   원문에는 battaglia, 즉 "전투" 또는 "싸움"으로 되어 있다.
3   "가슴"으로 옮길 수도 있으나, 가슴을 뜻하는 다른 용어도 함께 사용되고 있는 데

길을 연[5] 그녀를 바라보고 있었으니까.   6

아, 사랑이여, 얼마나 나를 괴롭혔는지!
그렇게 달콤한 애정이 무엇 때문에
많은 욕망과 많은 고통을 동반해야 했는가?   9

왜 그 커다란 즐거움은 평온하지 않고,
온전하거나 순진하지도 않고, 오히려
탄식과 고통에 가득하여 심장에 내려왔는가?   12

부드러운 심장이여, 나에게 말해 다오,
모든 행복이 너에게 고통이던 그런 생각 속에서
너의 괴로움은 어떠하였고 얼마나 놀랐는지.   15

세상의 모든 것이 적막해 보이는
밤이나 낮에도 그런 생각은
유혹하듯이 너에게 나타났으니,   18

불안하고 행복하고 비참한 너[6]는

　　다 사랑과 관련되기 때문에 "심장"으로 옮겼다.
4　원문에는 innocente, 즉 "순진하게"로 되어 있다.
5　심장 속으로 뚫고 들어왔다는 뜻이다.
6　계속해서 자기 심장에게 말한다.

끊임없이 강렬하게 고동치면서
깃털 위의7 내 가슴을 괴롭혔지.

슬픔과 괴로움에 지친 나는 자려고
눈을 감았지, 열에 시달리고
착란하면서 잠들지 못하였으니까.

오, 달콤한 모습은 어둠 한가운데서
얼마나 생생히 떠올랐고, 감고 있는 눈으로도
눈꺼풀 아래에서 얼마나 바라보았는지!

오, 부드러운 몸짓은 내 뼛속으로
얼마나 널리 스며들었고, 오, 얼마나 많은
불안하고 혼란스러운 생각이

영혼 속에 돌아다녔는지! 오래된 숲의
나뭇잎 사이로 산들바람이 지나가면서
길고 불분명한 속삭임을 일으키는 것처럼.

그리고 내가 침묵하며, 불평하지 않는데도,
나의 심장이여, 네가 괴로워하며 고동치게 만든

---

7 매트리스를 채우는 깃털을 가리킨다.

그녀가 떠났을 때 너는 뭐라고 말했던가?   36

뜨겁게 타오르는 사랑의 열기를
내가 느끼자마자, 날갯짓으로 그 사랑을
불러일으켰던 산들바람[8]은 날아가 버렸어.   39

날이 샐 때까지 나는 잠들지 못한 채
누워 있었고, 나를 홀로 남겨둘 말들[9]이
아버지의 집 밖에서 발로 땅바닥을 찼어.   42

그리고 나는 소심하고 불안하게 조용히
어둠 속 창문을 향해 탐욕스러운
귀를 기울였고, 헛되이 눈을 떴어,   45

그 입술에서 마지막으로 나오게 될
목소리, 아아, 무심한 하늘이 나에게서
빼앗아 가는 그 목소리를 듣기 위하여.   48

몇 번이나 농부들의 목소리는 불안한
귀를 흔들었는가! 냉기가 나를 사로잡고,

---

8 사랑을 불러일으킨 여인을 가리킨다.
9 사랑하는 제르트루데를 마차에 태우고 갈 말(馬)들이다.

심장은 불안하게 고동치기 시작하였네!　　　　　　　51

그러다가 마침내 사랑하는 목소리가
내 심장에 내려앉았고, 말들과
바퀴의 소음이 들려 왔으니,　　　　　　　　　　　54

빛을 잃은[10] 나는 침대 안에서
떨면서 몸을 웅크렸고, 눈을 감고
손으로 심장을 억누르며 한숨을 쉬었지.　　　　　57

그런 다음 떨리는 다리를 이끌고
적막한 방에서 멍하니 맴돌면서 말했어.
다른 무엇이 내 심장을 건드릴까?　　　　　　　　60

그렇게 나는 아주 쓰라린 기억을
가슴속에 담아 두었고, 모든 목소리,
모든 모습에 내 심장은 닫혀 버렸지.　　　　　　63

그리고 긴 고통이 가슴속으로 들어왔어,
마치 하늘[11]이 끊임없이 비를 내리며

10　원문에는 orbo rimaso, 즉 "장님으로 남은"으로 되어 있다.
11　원문에는 "올림포스"로 되어 있다.

울적하게 들판을 적시는 것처럼.   66

아홉 해에 아홉 해를 더한[12] 소년이던 나는,
아모르[13]여, 당신을 몰랐다오, 눈물 흘리기 위해 태어난
나에게 당신이 첫 시련을 주었을 때.   69

나는 모든 즐거움이 싫었으니, 별들의 웃음도,
조용한 새벽의 적막함도, 녹색으로 물드는
들판도 나에게는 즐겁지 않았어.   72

따뜻하게 달아오른 가슴속에서는
영광[14]에 대한 사랑도 침묵하였지,
아름다움에 대한 사랑이 거기 깃들었으니까.   75

익숙한 공부로 눈도 돌리지 않았어,
다른 모든 욕망이 헛되다고 믿게 되자
공부도 헛된 것으로 보였기 때문이야.   78

12　열여덟 살이었다는 뜻이다. 하지만 당시 레오파르디는 열아홉 살이었다. 사실과 어긋나더라도 시적이고 아름다워 보이는 표현을 쓴 것으로 짐작된다.
13　아모르(amor)는 라틴어로 '사랑'을 뜻하며 로마 신화에서는 신격화하여 쿠피도(Cupido), 말하자면 사랑의 신을 가리키기도 한다. 여기에서는 그냥 "사랑"으로 옮겨도 무방하겠지만, 의인화하고 있으므로 "아모르"로 옮겼다.
14　학자이자 시인으로서 얻고자 했던 영광을 가리킨다.

세상에, 왜 그렇게 내가 달라졌고,
왜 한 사랑은 다른 사랑을 쫓아냈을까?
세상에, 진실로 우리는 얼마나 헛된가! 81

오로지 내 심장만이 마음에 들었고,
심장과 끝없는 이야기에 파묻혀
내 고통을 지키며 앉아 있었지. 84

땅으로 숙이거나 내면을 향한 눈은 멍하니
아름다운 얼굴도 못난 얼굴도
회피하듯, 보려고 하지 않았어. 87

산들바람에 호수의 물결이 흔들리듯이,
가슴속에 그려진 순결하고 새하얀
모습을 뒤흔들까 두려웠으니까. 90

그리고 충분히 만끽하지 못하였다는 후회,
우리의 영혼을 짓누르고 사라진 즐거움을
독약으로 바꾸는 후회가 93

많은 날이 흘렀음에도 계속해서
가슴을 자극하였으니, 이 심장에서는

부끄러움의 강한 억제력도 소용없었어.   96

하늘과 고귀한 영혼들에게 맹세하오니,
저급한 욕망이 결코 가슴속에 스미지 않았으며,
나는 순수하고 깨끗한 불꽃에 타올랐다오.   99

그 불꽃, 그 사랑은 지금도 살아 있고,
아름다운 모습이 생각 속에 피어나니,
다른 즐거움은 없고, 오로지 신성한   102

그 모습의 즐거움만이 나를 가득 채운다네.

11
*
외로운 참새[1]

오래된 탑[2]의 꼭대기에서,
외로운 참새[3]여, 날이 저물 때까지
너는 들판을 향해 노래하고,
이 계곡에는 화음이 떠도는구나.
주위에서는 대기 속에   5
봄이 반짝이고 들판에서 기쁨이 넘치니,

---

1   이 작품의 집필 시기에 대해서는 정확하게 알 수 없다. 1819년 무렵 레오파르디가 남긴 글에서 발견된 "외로운 참새"라는 메모를 근거로 일부에서는 그 무렵 쓴 시로 보기도 한다. 그러나 운율과 형식이 당시의 초기 전원시들과는 다를 뿐 아니라, 1835년 나폴리의 스타리타(Starita) 출판사에서 나온 《노래들》의 두 번째 판(이하 나폴리 판《노래들》, 첫 번째 판은 1831년 피렌체에서 출판되었다)에 처음으로 발표되었다. 이러한 근거들을 고려하여 대부분 1829년에서 1830년 사이에 쓴 것으로 본다. 형식은 레오파르디 특유의 이른바 '자유로운 칸초네'(canzone libera)로, 전통적인 칸초네와 달리 각운을 맞추지 않은 11음절 시행과 7음절 시행을 자유롭게 사용하고 있다.
2   레카나티의 산타고스티노(Sant'Agostino) 성당의 종탑으로 보는 학자도 있다.

바라만 보아도 마음이 부드러워지네.
양들이 울고 소들이 음매 하는 소리를 듣는구나.
다른 새들은 즐겁게 경쟁하듯이
자유로운 하늘에서 수없이 맴돌면서　　　　　　　　　　10
최고의 시절을 즐기고 있는데, 너는
생각에 잠겨 한쪽에서 모든 것을 바라보며,
동료들과 어울리지도 않고, 날지도 않고,
즐거워하지도 않고, 즐거움을 찾지도 않으면서
노래하는구나, 그리고 그렇게 네 삶과　　　　　　　　　15
한 해의 꽃 같은 시절을 보내는구나.

세상에, 너의 모습은 얼마나
나의 모습과 닮았는지! 젊은 시절의
달콤한 동료인 즐거움과 웃음,
그리고 젊음의 형제인 사랑이여,　　　　　　　　　　　20
훗날의 쓰라린 한숨이여, 나는

3 　원문에는 passero solitario로 되어 있는데, 구체적으로 어떤 새를 가리키는지는 다소 논란이 있다. passero는 그냥 참새 또는 집참새(학명 Passer domesticus)이고, solitario는 '외로운'이라는 뜻의 형용사이다. 그러나 한편으로, passero solitario는 예전부터 이탈리아의 여러 방언과 유럽 언어에서 특정 새를 가리켜 왔다고 지적되기도 한다. 즉, 참새목 솔딱새과의 바다직박구리(학명 Monticola solitarius)라는 것이다. 물론 레오파르디가 어떤 뜻으로 썼는지는 확실하지 않다. 하지만 외로운 새의 이미지에 이끌린 것은 분명하며, 무엇보다 자신의 외로운 모습을 거기에 투영하고 있다. 이를 고려해 여기에서는 "외로운 참새"로 옮겼다.

왠지 모르지만, 너에게 신경 쓰지 않고,

오히려 그런 것을 멀리 피하고,

마치 은둔자처럼

고향에서 이방인처럼 25

내 삶의 봄날을 보내고 있지.

벌써 저녁으로 기우는 오늘,

우리 마을에서는 축제를 벌이는 풍습이 있어.

너는 청명한 하늘을 가로지르는 종소리를 듣고,

멀리 마을에서 마을로 총들4의 굉음이 30

잇따라 울리는 것을 듣는구나.

마을 젊은이들은 모두

축제 옷을 입고,

집에서 나와 길거리로 몰려 나가고,

서로를 바라보면서 가슴 깊이 즐거워하지. 35

외로운 나는 들판의

이 외떨어진 곳으로 나오고,

모든 즐거움과 놀이를

다른 때로 미루고, 그동안

밝은 허공으로 향하는 내 눈길을 40

햇살이 찌르네. 태양은 청명한 하루를

---

4 원문에는 ferree canne, 즉 "쇠 대롱들"로 되어 있다. 축제의 즐거움을 위해 쏘는 총소리이다.

보낸 다음 멀리 산들 사이로 내려가
흩어지면서, 행복한 젊은 시절이
줄어든다고 말하는 것 같구나.

외로운 참새여, 너는 별들이   45
너에게 줄 삶의 저녁5에 이르러도
분명히 너의 습관처럼
괴로워하지 않겠지, 너희들의
모든 욕망은 자연의 산물이니까.
나에게는, 노년6의   50
혐오스러운 문턱을
피할 수 없다면,
이 눈이 다른 사람의 마음에 침묵하고,
세상이 공허하게 보이고, 미래의 날이
현재의 날보다 지겹고 어두울 때   55
그런 욕망이 어떻게 보일까?
이 내 나이는? 나 자신은?
아, 후회하겠지. 그리고 자주
뒤돌아보겠지, 위로받지 못하겠지만.

---

5 삶의 노년을 저녁에 비유하고 있다.
6 레오파르디는 노년에는 감동이나 애정을 느끼지 못한다고 생각하였다.

12
*
무 한[1]

이 외로운 언덕[2]은 내게 언제나 사랑스러웠지,

아득한 지평선의 이곳저곳을

시야에서 가리는 이 산울타리도.

하지만 가만히 앉아 그 너머[3]

끝없는 공간과 초월적인 침묵, 5

더없이 깊은 고요함을 바라보노라면

나는 상상 속에 잠기고, 심장이

두려움에 떨려 온다. 초목 사이로

속삭이는 바람 소리가 들릴 때면,

---

1   1819년 봄과 여름 사이에 레카나티에서 쓴 것으로 추정되는 이 시는 모두 15행으로 상당히 짧은데, 레오파르디의 시 중에서 가장 유명하고 가장 많이 애송되는 작품이다. 형식은 운율을 맞추지 않은 11음절 시행으로 되어 있다.
2   레카나티의 집 서쪽 인근에 있는 타보르(Tabor) 언덕을 말한다. 공식 이름은 타보르산(Monte Tabor)이지만 산이라고 할 만큼 높지 않다. 그리스도의 변용(變容)이 이루어진 곳으로 알려진 이스라엘 북부의 타보르산에서 이름을 따왔다고 한다.

저 무한한 침묵을 이 목소리[4]와　　　　　　　　　　　　　10

비교해 본다. 그러면 영원과 이미 죽은 계절[5]들,

살아 있는 현재의 계절과 그 소리[6]가

마음속에 떠오른다. 그렇게

광활함 속에 나의 상상은 빠져들고,

이 바다에서의 난파는 달콤하구나.　　　　　　　　　　　　15

3　산울타리 너머이다.
4　바람 소리를 가리킨다.
5　여기에서 계절은 시대를 가리키고, 따라서 "죽은 계절들"은 과거 시대들이다.
6　당대의 여러 가지 소음을 뜻하며, 과거 시대들의 침묵과 대비된다.

13
*
축제일 저녁[1]

바람 없는 밤은 맑고 포근한데,

지붕들 위로, 채소밭들 가운데로

달빛이 내려앉으면서 멀리 모든 산을

청명하게 드러내는구나. 오, 나의 여인이여,

모든 오솔길은 벌써 적막하고, 드물게   5

창문에 밤의 등불이 비치는데,

그대는 평온히 잠들어

고요한 방에서 꿈속을 거닐고, 아무런 걱정도 없이

---

1   이 전원시는 1819년에서 1821년 사이에(대부분 1820년으로 본다) 레카나티에서 쓰였다. 그리고 1825년 12월에서 1826년 1월 사이, 밀라노에서 발행되던 문학지 《새로운 수집가》(*Il Nuovo Ricoglitore*)에 〈축제일 저녁: 전원시 II〉라는 제목으로 처음 발표됐으며, 나폴리 판 《노래들》에 실렸다. 이 작품은 생트뵈브(Charles Augustin Sainte Beuve, 1804~1869)가 번역하여 소개한 뒤 유럽 독자들에게 많은 인기를 끌었으며, 거의 표절에 가까운 모방 작품도 많이 나왔다. 형식은 운율을 맞추지 않은 11음절 시행으로 되어 있다.

그대가 얼마나 많은 상처를 내 가슴에 주었는지
모른 채 생각조차 않는구나.   10
그대는 잠자고, 나는 얼굴을 내밀고 인사하네,
겉으로는 그렇게 너그러워 보이는 이 하늘과,
고통의 삶을 살도록 나를 창조한
전능하고 오래된 자연에게. 나에게 자연은 말했지,
나는 너에게 희망도 거부하고, 네 눈은   15
오로지 눈물로만 빛나게 될 것이야.
오늘은 경건한 날[2]이었어. 이제 그대는
즐거움을 뒤로하고 쉬면서, 아마 오늘
그대를 좋아한 사람들과 그대가 좋아한 사람들을
꿈에서 떠올리겠지만, 나는 아무리 원해도   20
그대 머릿속에 나타나지 않겠지. 그동안 나는
살날이 얼마나 남았는지 물으면서 여기 땅바닥에
쓰러져 외치고 전율하지. 오, 이 젊은 나이에
끔찍한 날들이여! 아, 즐거움이 끝난 뒤
늦은 밤 초라한 자기 집으로   25
돌아가는 일꾼[3]의 외로운 노래가
멀지 않은 길에서 들려오고,
세상에서는 모든 것이 흘러가고

---

2 축제일이라는 뜻이다. 경건하다고 한 것은 축제가 주로 종교적 행사였기 때문이다.
3 원문에는 artigian, 즉 "수공업자" 또는 "직공"으로 되어 있다.

흔적도 남기지 않는다는 것을 생각하면
내 가슴은 강하게 조여 오네. 이제 30
축제일은 지나갔고, 휴일 뒤에는 평일이
이어지고, 시간은 인간의 모든
사건을 데려가 버리지. 옛사람들의
외침은 지금 어디 있는가? 유명하였던
우리 조상들의 함성, 그 위대한 35
로마 제국, 땅과 바다를 울리던
굉음과 무기는 어디 있는가?
모든 것이 평온하고 적막하며, 세상은
모든 것을 내려놓고 더 이상 생각하지 않네.
내 젊은 시절에는 축제일을 열렬하게 40
기다렸는데, 그날이 끝난 뒤
나는 고통스럽게 밤을 지새우며
깃털들4을 짓눌렀고, 늦은 밤
길에서 들려오는 노래는
멀어지면서 서서히 사라졌고, 45
그렇게 내 가슴도 조여 왔지.

---

4 제유법으로, 침대를 가리킨다.

14
*
달에게[1]

오, 우아한 달이여, 나는 회상하노라,

작년에[2] 고통에 겨워 너를 보려고

이 언덕[3]에 올라왔을 때

너는 저 숲 위에 매달려

지금처럼 모든 것을 비춰 주었지.　　　　　　　　　　5

하지만 눈가에 솟는 눈물 때문에

나의 눈에 네 얼굴은 흐릿하고

떨리는 모습이었어. 나의 삶이

괴로웠기 때문인데, 지금도 변함없이 그래,

오, 사랑하는 달이여. 그래도 내 고통의　　　　　　　10

1　12번 시 〈무한〉과 마찬가지로 1819년에 집필된 것으로 보인다. 《새로운 수집가》에 〈회상: 전원시 III〉이라는 제목으로 처음 발표되었고, 1826년 볼로냐에서 출판된 《베르시》에도 실렸다.
2　원문에는 or volge l'anno, 즉 "이제 해가 바뀌었지만"으로 되어 있다.
3　〈무한〉과 마찬가지로 레카나티의 타보르 언덕일 것으로 짐작된다.

시절을 회상하고 다시 더듬어 보는 것은
나에게 유익하지. 젊은 시절에,
아직 희망은 길고 기억의 흐름은 짧을 때,
비록 슬프고 고통이 지속되더라도,
지나간 일들을 회상하는 것은   15
오, 얼마나 고마운 일인지!

15
*
꿈[1]

새벽이었고, 태양의 첫 여명이
발코니를 거쳐 닫힌 덧창문 사이로
어두운 내 방에 스며들 때였어.
바로 그 순간 아주 가벼운 잠이
부드럽게 눈 위에 드리웠고,   5
나에게 처음 사랑을 가르친 뒤
눈물 속에 나를 두고 떠난 그녀의 모습이
옆에 나타나, 내 얼굴을 바라보았어.
죽은 것 같지 않았지만, 불행한 사람처럼
슬픈 모습이었어. 그녀는 오른손을   10

---

[1] 1820년 말에서 1821년 초 사이에 레카나티에서 쓰인 이 전원시는 1825년 8월 13일, 볼로냐에서 발행되던 잡지 《페트로니오의 카페》(*Il Caffè di Petronio*)에 처음 발표되었다. 이후 《새로운 수집가》에 〈꿈: 전원시 IV〉라는 제목으로 재수록되었으며, 1826년 출판된 《베르시》에도 실렸다. 형식은 운율을 맞추지 않은 11음절 시행들로 구성되어 있다.

내 머리에 대고 한숨을 쉬며 말했지.
당신은 살아서 우리의 기억을 간직하고 있나요?
나는 대답했어. 오, 사랑하는 아름다운 여인이여,
어디에서 어떻게 왔나요? 당신 때문에
내가 무척이나 괴로웠고 지금도 괴로운데, 15
당신이 그것을 안다고 생각하지 않았고,
그래서 내 고통은 더욱 쓸쓸했다오.
그런데 또다시 나를 떠나는가요?
두려워요. 말해 줘요, 무슨 일이 있었어요?
당신은 예전과 똑같지요? 무엇이 내면에서 20
당신을 괴롭히나요? 그녀는 말했지. 망각이
당신 생각을 방해하고 잠이 혼란하게 하는군요.
나는 죽었어요. 나를 마지막으로 본 것이
벌써 몇 달 전이지요. 그 말에
엄청난 고통이 내 가슴을 짓눌렀어. 25
그녀는 말했어. 꽃다운 나이에 죽었지요.
삶이 가장 달콤할 때, 사람의 희망은
모두 헛되다는 것을 가슴이 확실하게
알기 전에 말이에요. 불쌍한 사람은
얼마 지나지 않아 모든 고통을 없애 주는 30
죽음[2]을 원하지만, 젊은이에게 죽음은

---

2   원문에는 colei, 즉 "그녀"로 되어 있는데, 뒤이어 명시적으로 말하듯이 죽음을

쓸쓸하게 닥쳐오고, 그 희망이
땅속에서 꺼지는 운명은 가혹해요.
자연이 삶에 미숙한 자들에게 감추는 것을
알아도 헛일이고, 설익은 지혜보다   35
맹목적인 고통이 훨씬 더 강하지요.
나는 말했어. 오, 불행한 여인이여,
사랑하는 사람이여, 그만해요, 그런 말은
내 가슴을 깨뜨리니까요. 오, 내 사랑이여,
그러니까 당신은 죽었고 나는 살아 있으며,   40
당신의 그 사랑스럽고 부드러운 몸은
마지막 땀방울³을 느껴야 하고, 초라한
나의 이 육신은 온전하게 남아 있도록
하늘에 정해져 있는가요? 당신은 죽었고,
세상에서 당신을 다시 볼 수 없다는 것을   45
생각하면, 오, 나는 믿을 수 없어요.
아아, 죽음이라고 부르는 이것은
도대체 무엇이오? 오늘 내가 체험으로
이해할 수 있고, 무기력한 내 머리를
운명의 잔인한 증오에서 보호할 수 있다면!   50
나는 젊지만, 내 젊음은 노년처럼,

    가리킨다.
3   죽음의 땀방울을 가리킨다.

아직은 멀리 있어도 두려운 노년처럼

소진되며 상실되고 있다오.

내 꽃다운 나이는 노년과

크게 다르지 않아요. 그녀는 말했어, 55

우리 둘은 고통을 안고 태어났어요.

우리의 삶에 행복은 없었고, 하늘은

우리의 고통을 즐겼지요. 내가 덧붙였어,

당신이 떠났다니 내 눈에 눈물이 가득하고,

얼굴은 창백해지고, 가슴에는 고통이 넘치지만 60

말해 줘요, 당신이 살아 있는 동안,

혹시 이 불쌍한 연인에 대한

사랑이나 연민의 불꽃이 당신의 가슴에

조금이라도 엄습했나요? 그 당시 나는

절망과 희망으로 밤과 낮을 보냈는데, 65

오늘 내 마음은 헛된 의혹으로[4]

피곤해지는군요. 만약 단 한 번이라도

내 어두운 삶의 고통을 당신이 느꼈다면,

부탁하건대, 감추지 마오. 우리의 삶에는

이제 미래가 없으니, 기억이 나를 70

도와주게 해 주오. 그러자 그녀는,

안심해요, 불행한 사람이여. 살아 있는 동안

---

4   여인의 죽음으로 인해 이제 쓸모없는 의혹이 되었기 때문이다.

나는 당신을 향한 연민이 없지 않았고
지금도 그래요, 나 또한 불행했으니까요.
불행한 나 때문에 괴로워하지 말아요.　　　　　　75
나는 외쳤어. 우리의 불행을 위해,
괴로운 내 사랑을 위해, 젊음이라는
즐거운 이름과 우리 날들의
잃어버린 희망을 위해, 사랑하는 사람이여,
당신의 손을 잡게 해 주오. 그러자 그녀는　　　　　80
부드럽고 슬프게 손을 내밀었지.
고통과 달콤함에 떨면서 나는
그 손을 입맞춤으로 뒤덮으며 숨 가쁜
가슴에 껴안았고, 얼굴과 가슴은 뜨거운
땀에 젖었고, 목소리는 목구멍에　　　　　　　　85
걸려 있었고, 햇살이 눈앞에서 흔들렸어.
그녀는 부드럽게 내 눈에다 눈을 맞춰 응시하며
말했지. 오, 사랑하는 사람이여, 벌써 잊었소,
내 아름다움은 빼앗겼다는 것을?[5]
불행한 사람이여, 그런데도 당신은 헛되이　　　　90
흥분하고 떨고 있군요. 이제 마지막으로 안녕.
불행한 우리 마음과 우리 육신은
영원히 헤어졌어요. 내게 당신은 살아 있지 않고

5　죽음과 함께 육신의 아름다움이 사라졌다는 뜻이다.

앞으로도 살아 있지 않을 것이오. 운명은 벌써
당신이 나에게 한 맹세를 깨뜨렸어요.   95
그러자 나는 고통에 소리치려 했고, 전율했고,
눈에 절망적인 눈물이 가득한 채였으나
잠에서 깨어나 버렸어. 그런데도 내 눈에는
그녀가 남아 있었고, 희미한 햇살에
그녀를 보았다고 아직도 믿고 있지.   100

16
*
외로운 삶[1]

암탉이 갇힌 닭장에서 날갯짓하며 뛰놀고,
창문에서는 농장 관리인이
얼굴을 내밀고, 떠오르는 태양은
떨어지는 빗방울 사이로
떨리는 빛살을 쏘는 동안,　　　　　　　　　　　　　5
아침에 내리는 비는 부드럽게
오두막[2]을 두드리면서 나를 깨우고,
나는 일어나, 가벼운 구름,
새들의 속삭임, 시원한 산들바람,

1　1821년 여름과 가을 사이에 레카나티에서 쓴 작품이다. 《새로운 수집가》에 〈외로운 삶: 전원시 VI〉이라는 제목으로 처음 발표되었고, 《베르시》에도 실렸다. 형식은 운율을 맞추지 않은 11음절 시행들로 되어 있다. 외로운 삶이라는 주제는 18세기 전기 낭만주의 시에서 자주 등장하였다.
2　레카나티 남서쪽의 산 레오파르도(San Leopardo)에 있는 가족의 여름 별장을 가리킨다. 목가적인 분위기로 바꾸는 관례에 따라 그렇게 불렸다.

싱그러운 언덕을 축복하네. 10
너희들, 음울한 도시들,
증오가 동료인 고통을 뒤따르는 그곳을
나는 보았고 잘 알았으니까. 거기에서
나는 고통스럽게 살다가 곧 죽겠지!
하지만 여기에서는 자연이 미약하게나마 15
약간의 연민을 나에게 보이는데, 오, 전에는
얼마나 친절했던지! 그런데 이제
그대는 불쌍한 자들에게서 눈을 돌리고,
불행과 고통을 경멸하면서 오로지
행복이라는 여왕만 받드는구나, 오, 자연이여. 20
불행한 자들에게는 하늘이나 땅에
칼날[3] 외에 다른 어떤 친구도 없구나.

조용한 나무들에 둘러싸인
호수의 가장자리 둔덕 위
외로운 곳에 나는 가끔 앉아 있지. 25
하늘에 한낮이 가득할 때, 거기에는
태양이 평온한 자기 모습을 그리고,
풀이나 나뭇잎은 바람에 흔들리지 않고,
물결도 일지 않고, 매미도 울지 않고,

---

3   원문에는 il ferro, 즉 "쇠"로 되어 있는데, 자살에 사용되는 흉기를 가리킨다.

새도 나뭇가지에서 날개를 퍼덕이지 않고, 30
나비도 날지 않고, 멀리서나 가까이에서나
어떤 소리도 들리지 않고, 움직임도 없어.
아주 깊은 정적이 호숫가에 맴돌고,
나 자신과 세상을 잊고 조용히
앉아 있으면, 풀려 버린 내 사지는 35
누워 있지만 정신이나 감각도
깨우지 못하는 것 같고, 그 오래된 정적은
그곳의 고요함 속에 용해되는 것 같지.

사랑이여, 사랑이여, 한때 그렇게
뜨겁게 달아오르던 내 가슴에서 그대는 40
멀리 날아갔지. 고통은 차가운 손으로
가슴을 움켜잡아 꽃다운 나이에
얼음으로 변하게 했지. 그대가 내 가슴에
내려왔던 때가 떠오르는구나. 그 달콤하고
돌이킬 수 없는 시절에, 세상의 45
이 불행한 광경이 젊은이의
눈앞에 펼쳐졌고, 그에게는
천국처럼 보였어. 젊은이에게는
순수한 희망과 욕망의 심장이
가슴속에서 뛰는데, 불쌍한 인간은 50
벌써 무도회나 놀이처럼 이 삶의

노고를 준비하는구나. 하지만 사랑이여,

그대를 깨닫자마자, 운명은 벌써

내 삶을 깨뜨렸고, 이 두 눈에는

오로지 영원한 눈물만 흘러야 했지. 55

그래도 이따금 조용한 새벽이나

햇살에 지붕과 언덕과 들판이 빛날 때

양지바른 들판에서

아름다운 아가씨의 얼굴을 만나거나,

여름날 밤의 평온한 고요함 속에 60

집으로 돌아오면서 배회하는

발걸음을 잠시 멈추고

외로운 들판을 바라볼 때,

밤에도 자기 일을 계속하는[4] 아가씨가

멀리 떨어진 방에서 부르는 아름다운 65

노래를 들으면, 이 돌 같은 심장은

고동치기 시작하지. 하지만, 아아, 곧바로

무거운 졸음[5]이 돌아오니, 내 가슴에서는

모든 달콤한 것이 낯설어져 버렸어.

---

4   원문에는 all'opre di sua man la notte aggiunge, 즉 "자기 손의 일에 밤을 덧붙이는"으로 되어 있다.
5   무기력함이나 권태를 의미한다.

오, 사랑하는 달이여, 평온한 달빛에　　　　　　　　　70
산토끼들이 숲속에서 뛰놀고,
아침이 되면 사냥꾼은 괴로우니,
복잡하고 혼란스러운 발자국들 때문에 실수하며
보금자리를 찾지 못하네.6 만세,
너그러운 밤의 여왕7이여. 그대의 빛은　　　　　　　75
덤불과 절벽에, 황량한 건물들 사이에,
창백한 강도의 칼날 위에
해롭게 내려오니, 강도는
말과 바퀴의 소음이나 조용한 길의
발자국 소리에 귀를 기울이며　　　　　　　　　　　80
멀리에서 지켜보고 있다가, 갑자기
무기의 소음과 거친 목소리,
험상궂은 얼굴로 행인의 가슴을
얼어붙게 하고, 잠시 후 반쯤 죽고
벌거벗은 행인을 길가에8 버려두지.　　　　　　　　85
하얀 그대의 빛은 도시의 거리에서
소심한 연인에게도 해롭게 내려오니,
그는 집들의 벽을 스치고 어두운

6　달밤에 뛰어놀던 토끼들의 발자국들로 인하여 토끼 소굴을 찾지 못한다는 뜻이다.
7　달을 가리킨다.
8　원문에는 tra' sassi, 즉 "돌들 사이에"로 되어 있다.

그림자를 따라가다가 멈추고
타오르는 등불과 열린 창문에 놀라지. 90
사악한 사람들에게는 해로운
그대 모습이 나에게는 이 기슭에서
언제나 달콤할 거야, 눈앞에
즐거운 언덕과 널찍한 들판을
보여 줄 테니까. 순수했던 95
나도 번잡한 곳에서는, 그대가
내 모습을 사람들에게 보여 주고
나에게 사람들의 모습을 보여 주었을 때
그대의 아름다운 빛을 싫어하곤 했지.
이제 구름 사이로 떠가는 그대를 보거나, 100
창공의 청명한 지배자로 그대가
이 불쌍한 인간의 집을 바라볼 때,
언제나 그대의 빛을 찬양할 거야.
그대는 자주 볼 거야, 내가 홀로 말없이
숲이나 푸른 호숫가를 방황하거나, 105
탄식할 힘과 가슴이 남아 있다면
만족하여 풀밭에 앉아 있는 것을.

17
*
콘살보[1]

지상에 머무름이 끝날 무렵 콘살보는
누워 있었지. 한때는 자기 운명을
경멸했지만 지금은 그렇지 않으니,
스물두 살에,[2] 염원하던 망각[3]이 머리 위에

---

1   1833년 봄에 쓴 것으로 추정되며 나폴리 판《노래들》에 처음 실린 이 작품은 운율을 맞추지 않은 11음절 시행들로 되어 있다. 1830년 레오파르디는 피렌체에 머물 때 사교계와 문인들의 살롱에서 유명했던 귀부인, 파니 타르조니 토체티(Fanny Targioni Tozzetti, 1801~1889)를 만나 열정적으로 사랑에 빠졌고, 두 해 동안 온갖 노력을 기울였으나, 그녀의 사랑을 받지는 못했다. 파니에 대한 다섯 편의 시로 구성된 이른바 '아스파시아(Aspasia) 연작시'(아스파시아에 대해서는 202쪽의 각주 1 참조) 중 하나인 이 작품은 죽어 가는 이에게 연인이 보내는 마지막 입맞춤이라는 오래된 토포스를 활용하여 파니의 사랑을 얻고 싶은 강렬한 욕망을 우회적으로 표현한다. 또한 이 작품은 일종의 이야기 시, 즉 운문으로 쓴 짤막한 이야기인데, 근대 이탈리아의 시인인 지롤라모 그라치아니(Girolamo Graziani, 1604~1675)의 서사시《그라나다 정복》(*Il Conquisto di Granata*)에서 일부 유사한 상황과 함께 등장인물 콘살보(Consalvo)와 엘비라(Elvira)를 끌어냈다. 레오파르디는 콘살보에 자신을 투영하고 있다.

2   원문에는 a mezzo il quinto lustro, 즉 "다섯 번째 5년의 중간에"로 되어 있다.

매달려 있었어. 오래전부터 그랬듯이　　　　　　　5

그렇게 죽는 날에 이르렀어,4

사랑하는 사람들로부터 버림받은 채.

세상을 회피하는 자에게는 결국

지상에 어떤 친구도 남지 않으니까.

하지만 그의 곁에는, 연민에 이끌려　　　　　　10

쓸쓸한 그를 위로하기 위하여

그의 마음에 언제나 유일하게 있던 그녀,

신성한 아름다움으로 유명한 엘비라가 있었어.

그녀는 자기 힘을 알고 있었지, 자신의

즐거운 눈길, 달콤함에 젖은 말 한마디,　　　　15

변함없는 생각 속에 수천 번 반복된

한마디가 불행한 연인에게는

버팀대이자 음식이 되었다는 것을.

비록 그에게서 사랑한다는 말을 전혀

듣지 못했지만 말이야. 그의 영혼 속에서는　　20

지고의 두려움이 커다란 욕망보다

더 강했어. 지나친 사랑이 그렇게

　　당시 레오파르디는 서른네 살이었는데, 극적인 효과를 위하여 그렇게 설정한 것
　　으로 보인다.
3　죽음을 암시한다.
4　원문에는 giacea nel funeral suo giorno로 되어 있는데, 직역하면 "자신의 장례
　　날 속에 누워 있었어" 정도일 것이다.

그를 노예이자 아이로 만들었지.

하지만 마침내 죽음이 그의 혀에
오래된 매듭을 풀었어. 인간을 해방하는　　　　　25
그날5의 확실한 징조를 느꼈기에,
떠나려고 하는 그녀의 손을 잡고,
그 새하얀 손을 잡고 말했어.
가세요, 이제 가야 할 시간이니까.
안녕, 엘비라. 이제 당신을　　　　　　　　　　30
다시 못 볼 것이오. 그러니 안녕.
당신의 배려에 내 입술이 할 수 있는
최대의 감사를 드리오. 경건한 자들에게
하늘에서 상을 준다면 당신에게 줄 것이오.6
그 말에 아름다운 여인은 창백해지고　　　　　35
가슴이 답답해졌으니, 낯선 사람일지라도
떠나는 사람이 영원히 안녕 하고 말하면
언제나 가슴은 고통스럽게 조이기 때문이지.
그러자 그녀는 죽어 가는 그에게
다가오는 운명을 감추면서　　　　　　　　　　40

5　죽는 날이다.
6　원문에는 premio daratti / chi può, 즉 "줄 수 있는 자가 당신에게 상을 줄 것이오"로 되어 있다.

반박하려고 했지. 하지만 그가 말을
가로막으며 덧붙였어. 당신이 알다시피
바라고 기원하던 죽음이 오는 것이니
두렵지 않고, 이 죽음의 날이 나에게는
즐겁게 보인다오. 사실 애석하지요,　　　　　　　　45
당신을 영원히 잃으니. 아, 영원히
당신을 떠난다오. 이 말을 하니
가슴이 찢어지네요. 그 눈을 다시 못 보고,
당신 목소리를 못 듣겠지! 하지만
영원히 떠나기 전에, 엘비라, 나에게　　　　　　　　50
입맞춤을 선물하지 않겠소? 내 모든
삶에서 유일한 입맞춤을? 죽어 가는 사람의
마지막 요청을 거부하지 마오. 그 선물을
나는 자랑하지도 못할 것이오, 꺼져 가는
내 입을 오늘 잠시 후 이상한 손7이　　　　　　　　55
영원히 막을 테니까. 한숨과 함께
그렇게 말한 다음 열망하던 손에다
애원하면서 차가운 입술을 맞추었어.

아름다운 여인은 생각에 잠겨
잠시 망설였고, 수많은　　　　　　　　　　　　　　60

7　죽음의 손이다.

매력에 반짝이는 눈으로
마지막 눈물이 빛나는 불쌍한
그의 눈을 응시했어. 그녀의 가슴은
그런 요구를 거절하여 슬픈 작별을
쓰라리게 만들고 싶지 않았고, 오히려   65
그런 열정에 대한 연민에 압도되었지.
그리고 무척이나 열망하였고
오랫동안 꿈과 한숨의 대상이었던
그 천상의 얼굴과 그 입술을,
죽음의 고통으로 창백해지고 괴로워하는   70
얼굴에 달콤하게 가까이 가져갔고,
수많은 입맞춤을, 깊은 연민으로
너그러운 입맞춤을, 황홀에 빠져 떨고 있는
연인의 입술에 퍼부었지.

그러면 너는 어떻게 되었지? 떠나는   75
콘살보여, 삶과 죽음과 고통은 네 눈에
어떻게 보였지? 그는 사랑과 죽음의
마지막 박동으로 두근거리는 가슴에다
아직 붙잡고 있던 사랑하는
엘비라의 손을 올려놓고 말했어.   80
오, 엘비라, 나의 엘비라! 나는
아직 땅에 있군요. 이 입술은

당신 입술이고, 당신 손을 잡고 있어요!
아아, 죽은 자의 환상이나 꿈,
믿을 수 없는 일 같아요. 오, 엘비라,   85
죽음이 얼마나 고마운지!⁸ 전에는
어느 때에도 내 사랑을 당신이나
누구에게도 감추지 않았소. 진정한 사랑은
땅에서 감출 수 없지요. 행동이나
당황한 얼굴로, 눈으로 당신에게 분명히   90
드러냈어도, 말로 하지는 않았소. 만약 죽음이
용기를 주지 않았다면, 내 가슴을 지배하는
무한한 사랑은 지금도 계속
침묵할 것이오. 이제 내 운명에
만족하여 죽을 것이고, 괴롭지 않소,   95
낮을 향해 눈을 떴으니까. 그 입술이
내 입술을 누르게 되었으니 나는
헛되이 살지 않았군요. 오히려 내 운명은
행복하지요. 세상에 아름다운 것 두 가지는
사랑과 죽음⁹이오. 하늘은 꽃다운 나이에   100
나를 사랑으로 안내하였고, 죽음 속에서

---

8   원문에는 quanto debbo alla morte, 즉 "나는 죽음에게 얼마나 빚지고 있는지"
    로 되어 있다.
9   같은 시기에 쓴 작품의 제목이기도 하다. 뒤에 실린 27번 시 〈사랑과 죽음〉 참조.

나는 행운을 만났지요. 아, 한 번만이라도,
단 한 번만이라도 오래 침묵한 사랑을
당신이 채워 주었다면, 그다음부터
바뀐 내 눈에 세상은 영원히   105
천국이 되었을 것이오. 노년도,
혐오하던 노년도 평온한 마음으로
받아들였을 것이오. 언제든지
단 한 순간을 기억하고, 나는
누구보다 행복하다고 말하는 것으로   110
충분히 견딜 수 있었을 테니까요. 하지만
아, 지상의 자연에 하늘은 그런 축복을
허용하지 않는다오. 그렇게 행복한 사랑은
주어지지 않았소. 그 대가로[10] 나는
당신의 품[11]에서 사형 집행인에게로,   115
채찍, 고문대,[12] 불로 날아갔을 것이고,
끔찍하고 영원한 고통[13] 속으로
기꺼이 내려갔을 것이오.

---

10   원문에는 per patto, 즉 "협정"으로 되어 있는데, 만약 그녀의 사랑을 받는 조건
     으로 제시되었다면 그렇게 했을 것이라는 뜻이다.
11   원문에는 braccia, 즉 "팔"로 되어 있다.
12   원문에는 ruote, 즉 "바퀴들"로 되어 있는데, 고문과 사형 집행 도구로 사용됐다.
13   지옥을 가리킨다.

오, 엘비라, 엘비라, 당신이
사랑의 미소를 보내는 사람은 행복하고　　　　　　　　　　120
누구보다도 축복받았군요! 당신을 위하여
생명과 피를 흘리는 자도 행복하오!
행복을 누리는 것이 인간에게 허용되었군요.
오랫동안 믿었듯이 꿈이 아니라, 아, 지상에
허용되었어요. 당신을 바라보던 날　　　　　　　　　　　125
나는 그것을 알았다오. 그런 일이
일어났기에 나는 죽어야 하오.[14] 하지만
많은 고통 속에서도 분명한 마음으로
그 잔인한 날을 비난하지 않았소.

오, 나의 엘비라, 행복하게 살면서　　　　　　　　　　　130
당신 모습으로 세상을 아름답게 해 줘요.
누구도 나만큼 사랑하지 못할 것이오.
그런 사랑은 앞으로 없을 것이오.
오, 불쌍한 콘살보가 그렇게 오랫동안
얼마나 당신을 불렀고 탄식하고 울었던가!　　　　　　　135
엘비라의 이름에 얼마나 가슴은 얼어붙고
창백해졌으며, 쓸쓸히 당신의 문지방을

14　원문에는 Ben per mia morte / questo m'accadde, 즉 "나의 죽음을 위해 그런
　　일이 나에게 일어났다"로 되어 있다.

밟을 때 나는 얼마나 떨렸고,
천사 같은 목소리에, 그 얼굴 모습에
얼마나 죽을 정도로 떨렸는지!　　　　　　　　　　140
하지만 이제 호흡과 생명력이
사랑의 말에 약해지오. 시간이 지났군요.
오늘 이날도 기억할 수 없게 되었소,
엘비라, 안녕. 생명의 불꽃과 함께
사랑하는 당신 모습은 마침내　　　　　　　　　　145
내 가슴에서 떠나는군요. 안녕.
이 사랑이 무겁지 않다면 내일 밤
나의 관에 한숨이라도 보내 주오.

그리고 침묵하였고, 오래지 않아 생명력이
목소리와 함께 꺼졌고, 저녁이 되기 전에　　　　　　150
처음으로 행복한 날은 그의 시야에서 떠났어.

18
*
그의 여인에게[1]

얼굴을 감추고 멀리에서 나에게
사랑을 불어넣는 사랑스러운 아름다움[2]이여,
햇살과 자연의 웃음이
가장 아름답게 빛나는 들판에서,
아니면 꿈속에서 신성한 모습으로   5
내 가슴을 뒤흔들 때를 제외하면,
혹시 그대는 순수한 시대[3]를
황금이라는 이름으로 축복하였고,
지금은 사람들 사이에서 영혼으로

---

1   1823년 9월 레카나티에서 완성되어 볼로냐 판 《칸초니》에 실렸다. 모두 5연인데, 첫째 연은 7음절 시행 6개와 11음절 시행 5개로 되어 있고, 나머지 4연은 7음절 시행 2개와 11음절 시행 9개가 불규칙적으로 뒤섞여 있으며, 일부는 운율을 맞추지 않고 있다.
2   천상적이고 이상적인 아름다운 여인을 가리킨다.
3   이른바 황금시대를 가리킨다.

가볍게 날고 있나요? 아니면 탐욕스러운 운명이   10
미래를 위해 우리에게 그대를 감추나요?

살아 있는 그대를 바라볼 희망은
이제 나에게 남아 있지 않다오.
만약 내 영혼이 벌거벗고 외로이
이상한 길을 통해 미지의 방4으로   15
갈 때가 아니라면 말이오. 어둡고
불확실한 젊음이 처음 시작되었을 때,
나는 벌써 이 황량한 땅을 여행하는
그대를 생각했다오. 하지만 땅에는
그대를 닮은 것이 없고, 혹시 누군가가   20
그대의 얼굴, 행동, 말과 닮았더라도
그대보다 훨씬 덜 아름다울 것이오.

운명이 인간의 삶에 부여한
수많은 고통 속에서도
내 생각이 상상하는 그대로의 그대를   25
지상의 누군가가 사랑한다면,
그에게 이 삶은 행복할 것이오.
분명히 알고 있듯이, 그대의 사랑은 내가

---

4 저승을 암시한다.

젊은 시절처럼 다시금 영광과 덕성을
따르게 할 테니까요. 이제 하늘은 30
우리 고통에 아무런 위안도 주지 않지만,
그대와 함께하는 인간의 삶은
하늘에서 신성해지는 삶과 비슷할 것이오.

지친 농부의 노래가
울려 퍼지는 계곡에 앉아 나는 35
나를 떠난 젊은 시절의
환상들에 대하여 탄식하고,
언덕 위에서 젊은 시절의
잃어버린 욕망과 잃어버린 희망을
회상하며 울다가 그대를 생각하고 40
깨어나 전율한다오. 음울한 시대에,
이 역겨운 대기 속에 고귀한
그대 모습을 간직할 수 있다면 나는
만족하오. 진정한 모습은 빼앗겼으니까.

만약 그대가, 영원한 지혜가 45
감각의 형태를 띠는 것을 경멸하고,
덧없는 육신 속에서
슬픈 삶의 고통을 느끼는 것을 경멸하는
그런 영원한 이데아[5] 중 하나라면,

높은 하늘의 수많은 세상 사이에서 50
다른 행성[6]이 그대를 받아들이고,
가까운 별이 태양보다 더 아름답게
그대를 비추고 더 온화한 대기를 불어 준다면,
짧고 괴로운 세월이 흐르는 이곳[7]에서 보내는
이 무명 연인의 찬가를 받아 주오. 55

---

5   플라톤적 의미에서의 이데아이다.
6   원문에는 terra, 즉 "땅"으로 되어 있다.
7   인간의 지상 세계를 가리킨다.

19

*

카를로 페폴리 백작에게[1]

우리가 삶이라고 부르는 이 괴롭고
고통스러운 잠을 어떻게 견디고 있나요,
나의 페폴리여? 어떤 희망으로 가슴을
지탱하고 있나요? 어떤 생각, 어떤
즐겁거나 지겨운 일로, 아득한 선조들이   5
무겁고 힘든 유산으로 남겨준 지루함을
보내나요? 인간의 모든 상태에서
삶은 온통 지루함이지요.

---

[1] 이 시는 1826년 3월 볼로냐에서 완성하여 다음 달 카를로 페폴리(Carlo Pepoli, 1796~1881) 백작이 부회장으로 있던 '볼로냐 사람들의 아카데미아'(Accademia dei Felsinei)에서 공개적으로 낭독하였으나, 좋은 평을 받지 못하였다. 일종의 서간문으로서 운율을 맞추지 않은 11음절 시행으로 되어 있으며, 그해 볼로냐에서 출판된 《베르시》에 실렸다. 페폴리 백작은 정치가이자 작가이며, 레오파르디는 볼로냐에 머무르는 동안 그와 가깝게 교유하였다. 페폴리 백작은 나중에 통일된 이탈리아 왕국에서 볼로냐 시장과 상원의원을 역임하였다.

가치 있는 목적이 없거나

목표에 도달할 수 없는 일과   10

활동은 지루하다고 말해야 하니까요.

땅을 파거나² 농작물³과 가축을 돌보며

평온한 새벽을 보고 황혼을 보는

부지런한 사람들을 가리켜 당신은

지루하다고 말할 텐데, 그들의 삶은   15

단지 살아가기 위한 것이고, 삶 그 자체는

인간에게 아무 가치도 없으므로

당신 말은 옳고 진실이오. 뱃사공은

낮과 밤을 지루함 속에 보내고, 공장의

영원한 땀도 지루함이고, 병사들의   20

경계 근무와 무기의 위험도 지루함이고,

탐욕스러운 상인도 지루함 속에 살지요.

보살핌이나 땀, 경계 근무나 위험으로는

인간의 본성이 유일하게 원하고

찾는 아름다운 행복을, 누구도   25

자신이나 다른 사람에게 찾아 주지 못하니까요.

세상이 창조된 날부터 언제나

행복해지기를 헛되이 염원하는

---

2   원문에는 franger glebe, 즉 "흙덩이들을 깨거나"로 되어 있다.
3   원문에는 piante, 즉 "초목"으로 되어 있다.

그 강렬한 욕망에 대하여

자연은 치유책 대신   30

불행한 삶의 여러 가지 필수품4을

차려 놓았는데, 일과 생각 없이

그것은 마련될 수 없으니,

인간들에게 하루는 즐겁지 않고

바쁘게5 지나가고, 따라서 욕망이   35

흔들리고 혼란해지며, 가슴이 괴로워할

여유도 줄어들지요.6 동물들의

수많은 자손도, 우리 못지않게 헛되이

가슴속에 행복해지려는 욕망을 갖고

살아가는데, 그들에게는 삶이 일7이기에   40

그 일에 몰두하여 우리보다는

덜 무겁고 덜 쓸쓸하게 시간을 보내고

느린 시간을 비난하지도 않아요.

하지만 삶을 영위하는 것8을 타인의 손에

---

4   생활필수품들을 말한다.
5   원문에는 pieno, 즉 "가득 채워져"로 되어 있는데, 우리의 날들이 일과 걱정으로 가득 차 있다는 뜻이다.
6   삶이 너무나 바쁘고 힘들어서 행복을 욕망하거나 가슴 괴로워할 틈도 없다는 뜻이다.
7   원문에는 mestier, 즉 "직업"으로 되어 있다. 동물에게는 살아가는 것 자체만이 유일한 목적이라는 뜻이다.
8   삶을 영위하는 데 필요한 물품들을 공급하는 일을 가리킨다.

맡기는 우리에게는, 우리 외에 다른 사람이   45
대비할 수 없고, 고통과 지루함 없이는
못 채우는 더 심각한 필요성이 있는데,
말하자면 삶을 보내야 하는[9] 필요성,
모아놓은 보물이나 수많은 가축,
풍요로운 들판, 보라색 망토,[10]   50
궁전도 인류가 피할 수 없는
잔인하고 가혹한 필요성이지요.
그런데 만약 누군가 공허한 시간을
경멸하고, 하늘의 빛을 증오하여
느린 운명을 빨리 오게 하려고,[11]   55
살인하는 손을 자기 자신에게
돌리지 않는다면,[12] 헛되이 행복을 찾는
치유할 수 없는 욕망에
단단히 사로잡혀 그는 사방으로
돌아다니면서 효과 없는 수많은   60
치료 약을 찾지만, 자연이 내어 준
유일한 약을 대신할 수는 없지요.

---

9   원문에는 consumar, 즉 "소비해야 하는"으로 되어 있다.
10 정치나 종교의 권력을 상징한다.
11 죽음을 앞당기려는 것을 암시한다.
12 그러니까 자살하지 않는다면.

그 사람이 밤낮으로 몰두하는 것은
머리 손질과 의상의 찬양,
행동과 걸음걸이, 말과 마차에 대한   65
헛된 관심, 북적이는 살롱,
소란스러운 광장, 정원,
놀이와 만찬, 부러운 무도회이고,
그의 입에서는 웃음이 떠나지 않지만,
아, 가슴속 깊은 곳에는 불멸의 권태가   70
금강석 기둥처럼 강하고 무겁게
꼼짝하지 않고 있으니, 젊음의 활력도
대적할 수 없고, 장밋빛 입술의
달콤한 말이나, 두 검은 눈동자의
부드럽고 떨리는 눈길, 사랑하는 눈길도,   75
하늘만큼 가치 있는 인간의 무엇도
그것을 무너뜨리지 못한답니다.

어떤 이들은 슬픈 인간의 운명을 피하려는 듯,
땅과 기후를 바꾸는 일13에
평생을 보내고, 바다와 산을 방랑하면서   80
지구를 온통 가로지르고, 자연이
무한한 세상 속에서 인간에게

---

13 뒤에서 말하듯이 다른 곳을 여행하는 것을 가리킨다.

열어 준 공간의 모든 경계선의 끝까지
여행하지요. 아, 높은 뱃머리에는
음울한 권태[14]가 앉아 있고, 헛되이   85
행복을 찾는 모든 기후, 모든 하늘 아래에는
슬픔이 살면서 지배한다오.

누구는 시간을 보내려고 마르스의
잔인한 일[15]을 선택하고, 지루함 때문에
형제의 피로 손을 적시며, 또 누구는   90
타인의 고난에서 위안을 찾고, 타인을
불쌍하게 만들면 자신은 덜 슬프리라는 생각에
악행을 저지르면서 시간을 보내지요.
누구는 덕성이나 지혜, 예술을 박해하고,
누구는 자기 백성과 이방인들을   95
짓밟거나, 상업이나 무기, 기만으로
멀리 떨어진 땅[16]들의
오랜 적막함을 방해하면서
자신의 정해진 삶을 낭비하지요.

---

14 원문에는 negra cura, 즉 "검은 걱정"으로 되어 있다.
15 전쟁과 전투를 가리킨다.
16 원문에는 lidi, 즉 "해변들"로 되어 있는데, 아메리카 대륙의 발견과 함께 시작된 식민지 개척을 비판하고 있다.

젊음의 꽃, 누군가에겐 하늘의   100
즐거운 첫 선물이지만,
조국 없는 자에게는 무겁고 쓰라리고 적대적인
인생의 아름다운 봄에 있는 당신[17]을
온화한 욕망, 달콤한 배려가 이끄는군요.
당신을 인도하는 것은 시에 대한 연구이며,   105
세상에서 드물고 빈약하고 덧없어 보이는
아름다움, 자연과 하늘보다 너그러운
우아한 환상이 우리에게 풍요롭게
내비쳐 주는 아름다움과 우리 자신의
공상[18]을 언어로 묘사하는 것이지요.   110
세월이 흘러도 사랑스러운 상상력의
덧없는 역량을 잃지 않는 사람은
수천 배 행복하니, 그에게는 운명이
가슴의 젊음을 영원히 간직하게 해 주기에,
확고한 나이와 피곤한 나이에도[19]   115
젊은 나이에 그랬던 것처럼
내면의 생각 속에서 자연을 아름답게 가꾸고
죽음과 황량함에 생명을 주지요.

---

17 페폴리 백작을 가리킨다.
18 원문에는 error, 즉 "오류"로 되어 있다.
19 장년기와 노년기에도.

하늘이 당신에게 많은 행운을 베풀고,
지금 당신의 가슴을 달구는 불꽃이 언젠가   120
백발의 시 애호가로 만들어 주기를.
나는 젊은 시절의 달콤한 속임수들[20]이
모두 잦아들고, 무척이나 사랑하였기에
마지막 순간까지 언제나 기억하면서
열망하고 슬퍼할 즐거운 모습들이   125
눈에서 스러지는 것을 벌써 느낀다오.
이제 이 가슴이 완전히 경직되고
차가워질 때, 양지바른 들판의
청명함과 외로운 웃음도,
봄날 아침 새들의 지저귐도,   130
투명한 하늘 아래 언덕과
호숫가에 비치는 말 없는 달도
내 가슴을 감동하게 하지 못할 때,
자연이나 예술의 모든 아름다움이 내게
생명을 잃고 침묵할 때, 모든 고귀한 감정,   135
부드러운 애정이 이질적이고 낯설어질 때,
내 유일한 위안[21]도 없어질 때, 나는
냉정한 삶의 불쾌한 나머지를 바칠

---

20 젊은 시절의 달콤한 환상과 상상을 가리킨다.
21 시와 문학 연구를 가리킨다.

보다 덜 달콤한 공부[22]를 선택할 것이오.

덧없는 것들[23]과 영원한 것들의 140

맹목적인 운명, 쓰라린 진실을

탐구하는 것이지요. 왜 인간은

만들어졌고, 왜 고통과 불행에 짓눌리는지,

운명과 자연은 어떤 최종 목표로

인간을 이끌고 가는지, 우리의 145

고통은 누구에게 즐겁고 유용한지,

이 신비로운 우주는 어떤 질서와 법칙으로

왜 돌고 있는지, 현자들은 무엇을 칭찬하는지

감상하는 것에 나는 만족할 것이오.

그런 탐색으로 지루함을 끌고 가겠소. 150

진실은 일단 알고 나면 슬프지만

즐거움이 있으니까요. 혹시

진실에 관한 생각에서 사람들이

내 말을 싫어하거나 오해하더라도

괴롭지 않을 것이니, 영광에 대한 155

22　뒤이어 말하듯 철학이나 정치, 도덕에 대한 성찰을 뜻한다. 레오파르디는 1816년 경 '문학적 전향'을 이루어 철학적이고 사변적인 학문 연구보다 문학에 더 열중하게 되었다. 문학적 상상력을 통해 고통스러운 삶에 대한 위안을 얻을 수 있으리라 생각했던 것이다.

23　원문에는 mortali, 즉 "필멸의 것들"로 되어 있다.

오랜 욕망은 이미 완전히 사라졌고,
영광은 헛된 여신일 뿐만 아니라
사랑과 행운, 운명보다 눈먼 여신이니까요.

20
*
다시 일어남[1]

꽃다운 나이의 나에게서
젊은 시절의
달콤한 번민[2]이 완전히
사라졌다고 믿었지.
가슴속 깊은 곳의 달콤한   5
번민, 부드러운 움직임은
세상의 모든 것을

---

1   1828년 4월 7일부터 13일 사이에 피사에서 쓴 작품으로, 1831년 피렌체에서 출판된 《노래들》 초판에 처음 실렸다. 레오파르디는 앞의 페폴리 백작에게 쓴 서간문 이후 두 해 동안 시 쓰기를 중단하였는데, 이 시의 제목은 갖가지 어려움 끝에 되살아난 시적 감정을 강조한다. 18세기에 널리 유행한 칸초네타(canzonetta) 형식으로 되어 있다. 칸초네타는 '작은 칸초네'라는 뜻으로 연과 운율의 도식은 다양하며, 특히 음악성을 강조하기 때문에 음악에서 널리 활용되었다. 이 작품은 고전적인 칸초네타 형식으로 7음절 시행의 4행연구(四行聯句) 두 개가 하나의 연을 구성하고 있다.
2   사랑의 괴로움을 암시한다.

행복하게 느끼게 해 주지.

얼어붙은 내 가슴에서
고통이 처음 사라졌을 때 10
낯선 상태에 얼마나 많은
슬픔과 눈물을 쏟았는지!
익숙한 감정들[3]이 사라졌고
사랑이 사라졌으며,
굳어 버린 가슴은 15
한숨도 멈추었어!

나에게서 떨어져 나가
이미 죽어 버린 삶을 슬퍼했어.
영원한 얼음 속에
갇힌 땅은 메말랐어. 20
낮은 황량해졌고, 말 없는
밤은 더욱 외롭고 어두웠어.
나에게는 달도 꺼졌고
하늘의 별도 꺼졌지.

하지만 예전의 감정은 25

---

[3] 원문에는 palpiti, 즉 "맥박들"로 되어 있다.

그 고통의 원인이었어.
가슴 깊은 곳에서는
아직 심장이 고동쳤지.
지친 환상은
예전 모습을 찾아 방황했고,   30
고통은 아직도 나에게
슬픔을 주었어.

잠시 후 그 마지막 고통마저도
나에게서 꺼졌고,
더 이상 탄식할 힘도   35
남아 있지 않았어.
무감각하게 누워 있었고
위안을 찾지도 않았어.
마치 상실되고 죽은 것처럼
심장은 버려져 있었지.   40

한때 영혼 속에 그렇게
행복한 환상과 많은
열정을 품었을 때와
내가 얼마나 달라졌는지!
깨어나 창문 옆에서   45
새로운 날을 노래하는

제비도 나의 마음을
뒤흔들지 않았어.

창백한 가을에
외로운 시골에서 울리는 50
저녁 기도 종소리나
지는 태양도 그랬지.
나는 적막한 길에서
헛되이 빛나는 황혼을 보았고,
나이팅게일은 계곡에서 55
헛되이 애절하게 울었어.

그리고 달콤한 눈동자,
친절한 연인에게서
영원한 첫사랑을 찾는
방황하듯 은밀한 눈길, 60
그리고 내 손에 내민
새하얀 맨손,
너희도 내 깊은 잠에는
아무 소용이 없구나.

모든 달콤함을 상실한 65
내 상태는 슬프지만

흔들리지 않고 평온했고,
표정은 맑았지.
내 삶의 종말을
바랐을 테지만, 70
지친 가슴속에서
욕망은 꺼져 있었어.

노쇠한 나이의 헐벗고
초라한 찌꺼기처럼
나는 인생의 봄을 75
그렇게 보냈지.
하늘이 우리에게 준
그렇게 덧없고 짧은
놀라운 날을, 오, 나의 심장이여,
너는 그렇게 이끌었어. 80

무겁고 아득한 적막함에서
누가 나를 다시 깨우는가?
내 안에서 느끼는 이
새로운 힘은 무엇인가?
부드러운 감정, 모습들, 85
감동, 행복한 환상,
이 나의 심장은 너희들을

영원히 거부하지 않았던가?

하지만 너희들은 내 삶의
그 유일한 빛이었지? 90
내가 젊은 나이에
잃어버린 사랑이었지?
하늘이나 푸른 산기슭
어디로 시선을 돌려도
모두 나에게 고통을 주고 95
모두 나에게 즐거움을 주네.

나와 함께 산기슭과 숲,
산이 다시 살아나고,
샘이 내 가슴에게 말하고,
바다가 나와 함께 말하네. 100
오랜 망각 뒤에 누가 다시
나에게 눈물을 선물하는가?
어떻게 내 눈앞에 세상이
변한 것처럼 보이는가?

오, 불쌍한 나의 가슴이여, 혹시 105
희망이 너에게 미소를 보냈는가?
아, 나는 희망의 얼굴을

다시 보지 못할 것이야.
자연은 달콤한 속임수와
감동을 내 것으로 주었고, 110
내 안에서는 고통이
타고난 역량을 꺼뜨렸지.

하지만 운명과 불행은 역량을
짓누르거나 없애지 않았고,
불길한 진리도 순수하지 않은 115
시야로 그렇게 하지 않았어.
알아, 멋진 내 환상과
그것[4]은 어울리지 않고,
자연은 귀머거리이며
연민을 가질 줄 몰라. 120

자연은 존재에만 신경 쓰고
행복에는 관심도 없어.[5]
자연에게 중요한 것은 오로지
우리를 고통으로 이끄는 것이야.

---

4   위에서 말한 "불길한 진리"를 가리킨다.
5   자연은 인간을 행복으로 인도하는 것보다 단지 세상에 태어나게 하는 데만 몰두한다는 뜻이다.

알아, 불쌍한 자는 사람들에게서   125
연민을 찾을 수 없으니,
달아나면서 경쟁하듯이
모든 인간을 조롱하지.

알아, 이 슬픈 시대는
재능과 덕성을 모르고,   130
고귀한 학문에
초라한 영광도 없어.
그리고 떨리는 눈동자,
초인적인 빛살, 너희들도
헛되이 빛나지, 너희들에게는   135
사랑이 반짝이지 않으니까.

너희들에게는 어떤 내밀하고
신비한 애정이 빛나지 않고,
그 하얀 심장[6]은 안에
불꽃을 담고 있지 않아.   140
오히려 타인의 부드러운
배려를 으레 조롱하고,
순수한 사랑[7]에 대한

---

6   여인의 심장을 가리킨다.

보상은 경멸일 뿐이지.

하지만 익숙한 속임수[8]가   145
내 안에 되살아나는 것을 느끼고
가슴은 그런 자기 자신의
움직임에 놀라네.
나의 심장이여, 이 마지막
생명력, 타고난 열정,   150
내 모든 위안은 오로지
너에게서 오는 것이지.

높고 고귀하고 순수한
영혼에는 운명과 자연,
세상과 아름다움이   155
부족하다는 것을 느끼네.
하지만, 오, 불쌍한 나의 심장이여,
네가 살아 운명에 굴복하지 않는다면
나에게 생명[9]을 주는 자를 나는
잔인하다고 하지 않으리.   160

---

7   원문에는 celeste foco, 즉 "천상의 불꽃"으로 되어 있다.
8   현실의 고통을 잊게 해 주는 환상이나 상상을 가리킨다.
9   원문에는 lo spirar, 즉 "숨결" 또는 "호흡"으로 되어 있다.

21
*
실비아에게[1]

실비아, 지금도 기억하느냐?
너의 수줍게 미소 짓는 눈 속에
아름다움이 반짝이고,
행복하게 생각에 잠겨
젊음의 문턱으로 들어서던 그때   5
네 삶의 시절을?

네 영원한 노래가
고요한 방들과 주위 길거리에

---

[1] 이 시는 피사에 머무르던 1828년 4월 19일에서 20일 사이에 썼으며, 9월 29일 최종적인 형태로 완성한 작품이다. 자유로운 형식의 칸초네로《노래들》초판과 나폴리 판에 실렸다. 여기에서 애정 어린 어조로 "너"라고 부르는 실비아는 레카나티의 집에서 일하던 마부의 딸 테레사 파토리니(Teresa Fattorini)인데, 그녀는 1818년 9월 30일 스물한 살의 나이에 결핵으로 죽었다. 그녀의 모습을 통해 잃어버린 젊음과 희망을 아련하게 회상하는 작품이다.

울려 퍼졌어,
네가 여자의 일[2]에 몰두하여 10
앉아 있으면서 마음속의
그 어렴풋한 미래에 행복했을 때.
향기로운 오월이었고, 그렇게 너는
하루를 보내곤 했어.

이따금 나는 내 젊은 시절과 15
가장 좋은 부분이 빛나던
그 땀에 젖은 종이들[3]과
즐거운 공부를 놔두고
아버지의 집 난간 위에서,
힘겨운 베틀 위로 재빨리 달리던 20
너의 손과 너의 노랫소리에
귀를 기울이곤 했지.
청명한 하늘과 환한 거리,
채소밭을 바라보았고,
멀리 바다와 산을 바라보았어. 25
그때 내 가슴속에 느꼈던 것을
인간의 언어는 표현하지 못하는구나.

---

2 뒤에서 자세히 말하듯이 베 짜기를 가리킨다.
3 공부하고 시를 쓰던 종이들이다.

얼마나 달콤한 생각과 희망,
마음이었던가, 오, 나의 실비아!
그때는 인간의 삶과 운명이   30
얼마나 아름답게 보였던가!
그런 희망이 떠오를 때면
애틋한 마음은 쓰라리고 냉정하게
나를 짓누르고
내 불행의 고통이 되살아나는구나.   35
오, 자연이여, 자연이여,
왜 그때 약속한 것을
돌려주지 않는가? 왜 그렇게
당신의 자식들을 속이는가?

겨울에 풀들이 메마르기도 전에 너는   40
보이지 않는 병에 시달리다가 끝내
죽어 갔지, 오, 달콤한 여인이여. 너는
네 삶의 꽃을 보지 못하였고,
사랑에 빠진 수줍은 눈길이나
검은 머리칼에 대한 달콤한 칭찬도   45
네 가슴을 위로하지 못하였고,
친구들은 축제일에 너와 함께
사랑 이야기도 하지 못하였구나.

곧이어 나의 달콤한 희망도
스러졌으니, 내 삶에도 50
운명은 젊음을
거부했지. 아, 어떻게,
어떻게 너는 떠나갔느냐?
내 젊은 시절의 사랑스러운 친구여,
눈물 젖은 나의 희망이여! 55
이것이 세상인가? 이것이
우리가 그토록 함께 생각하던
즐거움, 사랑, 일, 사건들인가?
이것이 인간의 숙명인가?
진실이 나타나면서 너는, 60
불쌍한 여인이여, 쓸쓸하게 쓰러졌고,
손을 들어 저 멀리 차가운
죽음과 헐벗은 무덤을 가리켰지.

22
*
추억[1]

큰곰자리[2]의 희미한 별들이여,
나는 믿지 않았어. 습관처럼 다시 돌아와
아버지의 정원[3]에서 빛나는 너희들을 바라보며,
어린 시절 내가 살았고
내 행복의 종말을 보았던 이 집 창가에서   5
함께 이야기할 것이라고 믿지 않았어.
한때 너희들과 동료 별들의 모습은
나의 상념 속에 얼마나 많은
꿈과 상상을 주었던가!
말없이 푸른 풀밭에 앉아   10
하늘을 바라보고, 들판 먼 곳

---

1 1829년 8월 26일에서 9월 12일 사이 레카나티에서 쓴 이 시는 1831년《노래들》 초판에 처음 출판되었고, 형식은 운율을 맞추지 않은 11음절 시행들로 되어 있다.
2 북두칠성이 속한, 북극 근처의 커다란 별자리이다.
3 고향 레카나티에 있는 집의 정원을 가리킨다.

개구리의 노래를 들으면서
저녁 대부분을 보내곤 했지!
반딧불이는 산울타리 주위와
꽃밭 위를 맴돌고, 향기로운 길과 15
저기 숲속의 측백나무들[4]은 바람에
속삭이고, 아버지의 집에서는
엇갈리는 말소리들과 하인들이 조용히
일하는 소리가 들려왔지. 내 삶을 채워 줄
신비로운 행복과 비밀스러운 세상을 꿈꾸면서 20
언젠가는 넘어가겠다고 생각하며
이쪽에서 바라보던 푸른 산들, 멀리 있는
바다의 모습은 얼마나 커다란 생각들,
얼마나 달콤한 꿈을 나에게 주었던가!
내 운명을 모르고, 얼마나 많이 25
이 고통스럽고 헐벗은 삶을
죽음과 기꺼이 바꾸려 했는지.

내 가슴도 말해 주지 않았어,
젊은 시절을 이 야생적인 고향 마을에서,
천박한 촌뜨기 사람들 사이에서 30

---

4 원문에는 cipressi로 되어 있는데, 이는 측백나무과에 속하는 쿠프레수스속(학명은 Cupressus)의 나무 여러 종을 가리킨다.

보낼 운명이라는 것을.[5] 그들은

이상한 이름과 웃음거리와 재미난 주제가

지식이자 학문이라 믿고, 나를 증오하고 피하며,

나를 자신들보다 높게 보지 않는데,

질투 때문이 아니라, 내가 겉으로는   35

내색하지 않으면서 속으로는

나 자신을 높이 생각한다고 믿기 때문이지.

여기에서 사랑도 없고 삶도 없이, 버림받고

숨어서 여러 해를 보냈고, 악의적인 자들의

무리 속에서 어쩔 수 없이 거칠어졌으며,   40

여기에서 연민과 덕성을 벗어던지고

사람들을 경멸하게 되었으니,

내 곁의 무리 때문이었고, 그동안

명성이나 영광보다 소중하고, 순수한 낮의

빛살이나 숨을 쉬는 것보다 훨씬 소중한   45

젊은 시절은 날아가 버렸으니,

오, 삭막한 삶의 유일한 꽃[6]이여,

이 비인간적인 곳에서 고통 속에

즐거움도 없이 헛되이 너를 잃었구나.

---

5   레오파르디는 고향 레카나티가 편협하고 조잡한 사람들이 사는 비문명적인 곳이
     라고 생각하였다.
6   젊음을 가리킨다.

마을 시계탑의 시간 알리는 소리를 싣고 50

바람이 불어온다. 기억하건대

그 소리는 어렸을 때 내 밤들의

위안이었으니, 어두운 방에서

끊임없는 두려움에 새벽을 기다리며

밤을 새웠지. 여기에서는 보거나 느끼는 것이 55

전혀 없기에, 안에서 떠오르는 상상도 없고

달콤한 기억이 솟아나지도 않아.

고통과 함께 현재의 생각이 스며들어, 그 자체는

달콤하지만 지금도 괴로운 과거의 헛된 욕망이

몰려오고, 말하고 싶구나, 내가 전에 있었지.7 60

서쪽8을 향하고 있는 저 로지아,9

양들의 모습과 함께 머나먼 들판 위로

떠오르는 태양이 그려져 있는

이 벽들은 한가한 나에게

많은 즐거움을 주었지. 내 곁에는 65

---

7   말하고 싶은 것을 직접화법으로 전하고 있다. 원문에는 지극히 간략하게 io fui로 되어 있는데, "(과거에) 내가 있었다"는 뜻이다. 그러니까 고통과 절망으로 인해 자신의 삶은 이미 죽었다고 생각하는 것이다.
8   원문에는 gli estremi raggi del dì, 즉 "낮의 마지막 빛살"로 되어 있다.
9   로지아(loggia)는 이탈리아 건축에서 주랑(柱廊)처럼 기둥과 아치로 천장은 막혀 있지만 최소한 한쪽 측면이 완전히 열려 있는 곳을 가리킨다.

어디에 있든지 언제나 이야기하는
강한 환상[10]이 있었으니까. 환한 눈〔雪〕빛에
그 오래된 방에는 널찍한 창문 주위로
바람이 쉭쉭거리며 불어왔고,
고통스럽고 가치 없는 현실의 신비가   70
아직은 우리에게 아주 달콤하고
순수하고 온전하게 보였을 때, 즐거운
내 목소리와 축제 소리가 울려 퍼졌어.
어린 소년은 미숙한 연인처럼
거짓이 가득한 자기 삶을 꿈꾸고   75
천상의 아름다움을 상상하며 찬미하지.

오, 희망이여, 희망이여, 내 어린 시절의
달콤한 속임수여! 언제나 나는 말하면서[11]
너에게 돌아가니, 세월이 흘러도,
감정들과 생각들이 변해도,   80
너를 잊을 수 없구나. 알아, 명예와 영광은
유령일 뿐이고, 즐거움과 재물은
단순한 욕망이며, 삶은 결실도 없이

---

10 원문에는 errore, 즉 "오류"로 되어 있는데, 현실을 떠나 환상과 상상에 빠지는
    것을 그렇게 표현하였다.
11 시를 통해 말한다는 뜻이다.

무익한 초라함이지. 그리고 비록
내 지난날들은 공허하고, 인간으로서   85
내 삶은 황량하고 어둡지만, 운명은
나에게서 빼앗을 것이 없어. 아, 하지만
때로는, 옛날 희망이여, 너를 생각하고
처음의 소중한 상상을 생각하며,
지금의 너무도 초라하고 고통스러운   90
삶과 비교해 보면, 그 많은 희망에서
이제는 단지 죽음만 남아 있으니
가슴이 조이는 것을 느끼고
내 운명을 조금도 위로할 수 없구나.
하지만 그 원하던 죽음이   95
곁에 오고 불행이 끝날 때도,
세상이 나에게 낯선 계곡이 되고
미래가 시야에서 사라질 때도,
나는 분명히 너를 기억할 것이며,
그런 상상에 탄식할 것이며,   100
쓸모없이 산 것에 괴로워할 것이며,
그 숙명적인 날의 달콤함에는
고통이 뒤섞이겠지.

어린 시절에 이미 즐거움과
고뇌와 욕망의 동요 속에서 나는   105

자주 죽음을 불렀고, 오랫동안

저기 샘물가에 앉아 속으로

저 물이 내 고통과 희망을

멈추게 해 줄 것을 생각했지.¹² 그 후

알 수 없는 병¹³으로 생명이 위험해진 나는   110

너무 일찍 시드는 초라한 삶의 꽃과

아름다운 젊음을 슬퍼하였고,

종종 늦은 시간에 증인 같은

침대에 앉아 고통스럽게

희미한 등불에 시를 쓰면서   115

밤과 함께 말없이 달아나는

생명력을 한탄하였고, 쇠진하는

나 자신에게 장송곡¹⁴을 노래하였지.

---

12 자살을 생각했다는 뜻이다.
13 원문에는 cieco malor, 즉 "눈먼 병"으로 되어 있다. 1815~1816년에 레오파르디는 척추가 휘고 등이 굽는 심각한 병에 시달렸고, 이제 곧 죽으리라고 확신할 정도였다. 평생 그에게 고통을 준 그 병의 원인은 분명하게 밝혀지지 않았고, 그저 척추측만증으로 추정되기도 하였다.
14 1816년 12월에 단테의 《신곡》을 모방하여 쓴 《죽음의 임박》(*L'appressamento della Morte*)을 가리킨다. 모두 다섯 편의 '노래'(canto)로 구성된 이 작품을 레오파르디는 출판하지 않았고, 단지 첫 번째 노래, 즉 제1곡만 나폴리 판 《노래들》의 "단편들"(*Frammenti*) 파트에 제목 없이 37번 시로 실었다. 이 작품에는 단테, 페트라르카, 베르길리우스, 오비디우스 등 고전 작가들의 구절을 암시하는 표현이 풍부하다.

젊음이 시작되는 시절, 말할 수 없이
매력적인 시절을 누가 한숨 없이   120
기억할 수 있겠는가? 그때에는
매료된 젊은이에게 아가씨들이 처음
미소를 보내고, 주위에서는 모든 것이
경쟁하듯이 미소 짓고, 질투는 침묵하고
아직 깨어나지 않았거나 너그럽고,   125
(경이로운 놀라움이여!) 세상이
도와주려는 듯이 오른손을 내밀고,
실수를 용서하고, 삶 속으로
새롭게 들어가는 것을 축하하고, 고개 숙여
주인으로 부르며 받아들이는 것 같지.   130
덧없는 날들이여! 번개처럼 사라졌구나.
그 사랑스러운 시절이 이미 지나갔다면,
자신의 그 멋진 시간이, 젊음이여,
아, 젊음이 사라졌다면,
어느 누가 불행을 모를 수 있겠는가?   135

오, 네리나!¹⁵ 혹시 내가 여기에서

---

15   여기에서 부르는 네리나(Nerina)는 일반적으로 허구의 인물로 해석되지만, 일부는 앞의 시 〈실비아에게〉에서 말하는 테레사 파토리니의 새로운 모습으로 본다. 반면에 일부에서는 레카나티의 집 맞은편에 살았던 마리아 벨라르디넬리(Maria Belardinelli)로 보는데, 그녀 역시 젊은 나이에 결핵으로 죽었다.

네 이야기를 듣지 못하는가? 혹시 너는
내 생각에서 벗어났는가? 나의 달콤함이여,
여기 너에 대한 기억만 남아 있는데,
어디로 갔는가? 이 고향 땅은 이제 140
너를 보지 못하고, 예전에 네가
나에게 이야기를 건네고,
별빛이 쓸쓸하게 비치던 저 창문은
황량하구나. 어디 있느냐? 이제
네 목소리는 들리지 않는데, 어느 날 145
네 입술에서 나온 목소리가 멀리에서
다가왔을 때 내 얼굴은 물들었지.
세월은 흘렀어.[16] 달콤한 내 사랑이여,
너의 날들은 끝났어. 너는 이미 떠났어.[17]
오늘 이 땅을 지나가고, 이 향기로운 언덕에 150
사는 것은 다른 사람들의 운명이야.
너는 빠르게 떠났고, 네 삶은
꿈과 같았어. 너는 춤추면서 갔어.
네 앞에는 기쁨이 빛났고, 눈에는
믿음직한 젊음과 상상의 빛이 빛났는데, 155
그때 운명이 꺼뜨렸고, 너는 누웠어.

---

16 원문에는 Altro tempo, 즉 "한때 그랬어"로 되어 있다.
17 원문에는 passasti, 즉 "지나갔어"로 되어 있는데, 죽었다는 뜻이다.

아, 네리나! 옛날 사랑이
내 마음을 사로잡는구나. 이따금
축제나 모임에 갈 때 나는 속으로 생각해.
오, 나의 네리나, 너는 이제 축제나 모임에　　　　　　　　160
가지 않고 꾸미지도 않는구나.
오월이 오고 연인들이 아가씨들에게
꽃다발과 노래를 가져갈 때 나는 말하지.
나의 네리나, 이제 너를 위하여 봄은
돌아오지 않고, 사랑도 돌아오지 않아.　　　　　　　　165
맑은 날 꽃이 핀 언덕을 보거나
즐거운 소리를 들을 때마다 나는 말하지.
네리나, 너는 이제 즐기지 않고,
들판과 하늘을 보지 못하는구나. 너는 떠났어,
영원한 나의 한숨이여, 너는 떠났어.　　　　　　　　170
쓰라린 추억은 내 모든 헛된 상상에,
내 모든 부드러운 감각에, 마음의
슬프고 소중한 움직임에 동반자가 되겠지.

23
*
아시아 유랑 목동의 야상곡[1]

달아, 너는 하늘에서 무엇 하느냐?
말해 봐, 무엇 하느냐, 말 없는 달아?
저녁이면 떠올라 황무지를 보면서 가고,
그런 다음 기우는구나.
변함없는 길을 다시 가는 것이   5
지루하지 않으냐?

---

[1] 1829년 10월 22일에서 1830년 4월 9일 사이에 레카나티에서 완성한 작품으로 《노래들》 초판에 처음 실렸는데, 당시 제목은 〈아시아에서 유랑하는 목동의 야상곡〉(*Canto notturno di un pastore vagante in Asia*)이었다. 형식은 다양하게 운율을 맞춘 11음절 시행들과 7음절 시행들로 구성된다. 이 작품은 프랑스 파리에서 간행되던 문학 및 과학 잡지 《현자들의 저널》(*Journal des Savants*)에서 1826년 9월에 발표된 글, 즉 러시아 출신 메이엔도르프(Georges de Meyendorff, 1795~1863) 남작의 〈1820년에 이루어진 오렌부르크에서 부하라까지의 여행〉(*Voyage d'Orenbourg à Boukhara, fait en 1820*)에서 영감을 얻었다. 특히 중앙아시아의 키르기스 유목민들이 밤에 달을 보면서 즉흥적으로 노래를 지어 부른다는 이야기에서 강한 인상을 받았다.

아직도 싫증 나지 않고, 아직도
이 계곡들을 바라보고 싶으냐?
목동의 삶도
너의 삶과 비슷하단다.   10
이른 새벽에 일어나
양 떼를 몰고 들판으로 나가
양들과 샘물과 풀밭을 바라본단다.
그리고 저녁이면 피곤하여 거기에서 쉬고,
다른 것은 바라지도 않아.   15
말해 봐, 달아, 목동에게
목동의 삶은 어떤 가치가 있을까?
너희들[2]에게 너희들의 삶은? 말해 봐,
나의 이 짧은 유랑이나
너의 영원한 흐름은 어디로 가는 것일까?   20

새하얀 머리칼에 병약한 작은 노인[3]이
맨발에다 반쯤 벌거벗고
등에는 무거운 짐을 진 채
산으로 계곡으로, 날카로운 바위들과

---

2   달을 비롯하여 하늘에 있는 천체들을 가리킨다.
3   인간의 초라한 삶을 노인에 비유하고 있는데, 페트라르카의 《칸초니에레》에 실린 16번 소네트의 첫 행인 "새하얀 백발의 자그마한 노인"(vecchierel canuto et bianco)을 상기시키는 표현이다.

모래밭, 가시덤불 사이로,　　　　　　　　　　　25
바람과 폭풍우에도, 뜨겁게
불타는 날이나 얼어붙는 날에도,
달리고 또 달리며 숨을 헐떡이고,
개울들과 늪지들을 뛰어넘으며
넘어지고, 일어나고, 더 빨리 서두르고,　　　　30
휴식이나 회복도 없이
찢어지고 피를 흘리며, 마침내
그 수많은 노고와 길이
정해진 곳에 도달하고,
거대하고 무서운 심연 속으로　　　　　　　　35
곤두박질하고, 모든 것을 잊지.
처녀 달아,[4] 그것이
인간의 삶이란다.

인간은 힘겹게 태어나고,
태어남은 바로 죽음의 위험이야.　　　　　　　40
인간이 맨 처음 느끼는 것은
고통과 번민이며, 처음부터
어머니와 아버지는
그가 태어난 것에 대해 위로하지.

4　고전 신화에서 달의 여신은 영원히 젊은 처녀 신이었다.

그리고 성장함에 따라   45
둘 다 언제나 말과 행동으로
그를 뒷바라지하고
마음을 주려고 노력하며,
인간이라는 것에 대해 위로하니,
부모로서 자기 자식에게   50
그보다 고마운 것을 할 수 없지.
하지만 무엇 때문에
삶에 대해 위로해야 하는 자식을 낳고,
또 살아가도록 뒷바라지해야 하지?
만약 삶이 불행이라면   55
무엇 때문에 우리에게서 지속되는가?
때 묻지 않은 달아, 그것이
인간의 상황이란다.
하지만 너는 죽지 않으니,
아마 내 말에 별로 신경 쓰지 않겠지.   60

하지만 외롭고 영원한 방랑자야,
그렇게 생각에 잠긴 너는 아마
이해하겠지, 이 지상의 삶과
우리의 고통과 한숨이 무엇인가를.
이 죽음이, 우리 모습의   65
이 마지막 퇴색이 무엇이고,

지상에서 사라짐, 모든 친숙하고

사랑하는 사람들을 잃는 것이 무엇인가를.

그리고 너는 분명 사물들의 이유를

이해하겠지. 또 아침과 저녁, 70

말없이 무한하게 흐르는 시간의

결과를 알고 있겠지.

너는 분명 알 거야, 봄은

누구의 달콤한 사랑을 향해 웃는지,

더위5는 누구에게 유익한지, 겨울은 75

자신의 얼음으로 무엇을 얻는지.

너는 많은 것을 알고, 단순한 목동이

모르는 많은 것을 발견하겠지.

머나먼 회전 속에 하늘과 맞닿은6

황량한 벌판 위에 그렇게 말없이 80

떠 있는 너를 바라볼 때,

아니면 내 양들과 함께 천천히

뒤따라오는 것을 볼 때,

하늘에서 빛나는 별들을 볼 때,

나는 종종 혼자 생각하며 말한다. 85

무엇 때문에 저토록 많은 빛이 있을까?

---

5 여름을 의미한다.
6 광활한 벌판의 지평선을 가리킨다.

이 무한한 대기, 저 깊고 무한한 청명함은
무엇을 할까? 이 방대한 외로움은
무슨 의미일까? 그리고 나는 무엇인가?
그렇게 혼자 생각한단다,   90
이 엄청나고 무한한 공간에 대해,
무수한 가족에 대해.
쉬지 않고 회전하면서 언제나
처음 출발한 곳으로 되돌아오는,
하늘과 땅에 있는 모든 것의   95
수많은 움직임과 수많은 노고에는
무슨 소용이 있고, 무슨 결실이 있는지
나는 상상할 수 없어. 하지만 불멸의 처녀야,
너는 분명히 모든 것을 알고 있겠지.
나는 알고 또 느껴, 혹시   100
다른 사람은 그 영원한 회전들에서,
내 허약한 존재에서 어떤 행복이나
만족감을 얻을지 모르겠으나
나에게 삶은 고통[7]이야.

오, 쉬고 있는 양들아, 너희들은 행복하구나,   105
너희들의 비참함을 모르는 것 같으니까!

---

7   원문에는 male, 즉 "악"으로 되어 있다.

나는 너희들이 얼마나 부러운지!

너희들은 거의 모든 걱정에서

자유로울 뿐만 아니라,

모든 어려움과 모든 상처, 110

모든 두려움도 곧바로 잊어버리고,

게다가 지겨움도 느끼지 않기 때문이야.

그늘 아래 풀밭에 앉아 있을 때

너희들은 평온하고 만족하지.

그렇게 한 해를 대부분 115

걱정 없이 보내는구나.

나도 그늘 아래 풀밭에 앉지만

권태가 내 마음을 사로잡고

마치 가시[8]가 나를 찌르는 것 같아,

앉아 있어도 평온이나 휴식을 120

찾을 수 없구나.

하지만 나는 아무것도 원하지 않고,

지금까지는 눈물을 흘릴 이유도 없어.

너희들이 무엇을 얼마나 즐기는지

나는 말할 수 없지만, 너희들은 행복해. 125

나는 훨씬 조금 즐기지만, 오, 나의 양들아,

그것 때문에 한탄하지는 않는단다.

---

8 원문에는 spron, 즉 "박차"(拍車)로 되어 있다.

너희들이 말을 할 수 있다면, 나는 묻겠어.
말해 봐, 모든 동물이 게으르게
편안히 누워서 만족스러워하는데,   130
무엇 때문에 나는 잠시만 누워서 쉬어도
권태가 엄습하는 것일까?

혹시 나에게 날개가 있어
구름 위로 날아오르고
별들을 하나하나 헤아리거나9   135
천둥처럼 산꼭대기 위로 배회할 수 있다면,
나는 더 행복하겠지, 온순한 나의 양들아.
나는 더 행복하겠지, 새하얀 달아.
혹시 다른 사람의 운명을 바라본다면
내 생각은 진실에서 벗어났을 수도 있고,   140
어쩌면 요람이나 우리10 안에서
어떤 모습이든, 어떤 상태이든,
태어나는 자에게 생일은 음울할 수도 있어.

---

9   원문은 E noverar le stelle ad una ad una로 되어 있는데, 페트라르카의 《칸초니에레》에 실린 127번 소네트의 85행 구절 Ad una ad una annoverar le stelle("별들을 하나하나 모두 헤아리고")를 거의 그대로 인용하고 있다.
10 인간의 잠자리나 동물의 잠자리가 똑같다는 관념을 암시한다.

24
*
폭풍 뒤의 고요[1]

폭풍이 지나갔다.
나는 새들의 즐거운 노래를 듣고,[2]
암탉은 길로 돌아와
자기 노래를 반복한다. 저기 서쪽
산 위에서 맑은 하늘이 터지고,　　　　　　　　　　　　　5
들판이 환해지며
계곡에는 맑은 강이 나타난다.
모든 마음이 즐거워지고, 사방에서
다시 소음이 일어나며
일상적인 일이 돌아온다.　　　　　　　　　　　　　　　10

1　1829년 9월 17일에서 20일 사이에 레카나티에서 썼고 《노래들》 초판에 실린 이 작품은 자유로운 형식의 3연으로 구성되어 있다. 중간의 갑작스러운 어조 변화가 두드러지는 작품이다.
2　원문에는 Odo augelli far festa, 즉 "새들이 잔치를 벌이는 소리를 듣고"로 되어 있다.

수공업자는 손에 일감을 들고
문가로 나가 노래하면서
젖은 하늘을 바라본다. 경쟁하듯이
소녀가 새로 내린 빗물을
길어 오려고 밖으로 나가고,   15
채소 행상은
이 길에서 저 길로
일상적인 외침을 다시 시작한다.
저기 태양이 돌아와 언덕과 농장에
미소를 보낸다. 하인들은 창문을 열고,   20
테라스와 로지아³를 연다.
큰길에서는 멀리서 딸랑거리는
방울 소리가 들려오고, 여행자의 마차는
삐걱거리면서 다시 길을 간다.

모든 마음이 즐거워진다.   25
삶이 이토록 달콤하고 즐거운
때가 또 언제 있었던가?
사람은 언제 그런 사랑으로
자신의 직업에 몰두하거나, 일터로
돌아오거나, 새로운 것을 시작하는가?   30

---

3   162쪽의 각주 9 참조.

언제 자기 고민을 덜 떠올리는가?
즐거움은 고통의 아들,
헛된 기쁨은 지나간
두려움의 결실이고, 그래서
삶을 증오하는 사람은　　　　　　　　　　　　35
죽음에 놀라고 전율하지.
그래서 사람들은 우리의 잘못4에
번개, 구름, 바람이 일어나는 것을 보고
오랜 괴로움 속에
말없이 창백하고 차갑게　　　　　　　　　　　40
땀을 흘리고 떨었지.

오, 친절한 자연이여,
이것이 그대의 선물이고,
이것이 그대가 인간들에게 주는
즐거움이구나. 고통을 벗어나는 것이　　　　　　45
우리에게는 즐거움이지.
그대는 커다란 손으로 고통을 뿌리고,
괴로움은 저절로 솟아나고, 이따금
기적이나 경이로움으로 고통에서 탄생하는
그 약간의 즐거움은 커다란 소득이지.　　　　　50

4　원문에는 offese, 즉 "모욕"으로 되어 있다.

신들[5]이 사랑하는 인간 자손이라니!
고통에서 숨쉬기가 허용된다면
당신은 행복하고, 죽음이 당신의
모든 고통을 치유한다면 축복이지.

---

5   원문에는 eterni, 즉 "영원한 것들"로 되어 있다.

25
*
마을의 토요일[1]

해가 질 무렵
소녀가 들판에서 돌아온다,
풀 다발과 함께 손에는
장미와 제비꽃 한 움큼 들고.
언제나 그렇듯이   5
내일 일요일[2]에 머리와 가슴을
장식하려고 준비하지.
이웃 여자들과 함께
작은 노파가 해가 저물어 가는
계단에서 실을 자으며,   10
꽃다운 시절에 대하여 이야기한다.

---

1 앞의 〈폭풍 뒤의 고요〉에 이어 1829년 9월 20~29일 사이 레카나티에서 완성되어 《노래들》 초판에 실렸다. 다양하게 운율을 맞춘 자유로운 형식의 칸초네이다.
2 원문에는 dì di festa, 즉 "축제일" 또는 "휴일"로 되어 있다.

그때는 자기도 일요일에 몸단장을 하였고

아직 건강하고 날씬한 몸으로

가장 멋진 나이의 남자 친구들 사이에서

저녁에 춤을 추곤 했단다. 15

벌써 대기는 온통 어두워지고,

맑은 하늘은 다시 푸르러지고,

하얗게 빛나는 초승달에

언덕과 지붕에서 그림자들이 돌아온다.3

이제 종소리가 20

다가오는 일요일을 알려 주고,

그 소리에 가슴이

위로받는다고 당신은 말하겠지.

아이들은 작은 광장에서

무리 지어 소리치고 25

여기저기 뛰면서

즐거운 소음을 내고,

그동안 농부4는 휘파람을 불며

자신의 소박한 식사를 향해 가고,

자신의 휴일을 생각한다. 30

---

3 낮의 태양에 의한 그림자가 아니라 달에 의한 그림자가 드리운다는 뜻이다.
4 원문에는 zappatore, 즉 "괭이질하는 사람"으로 되어 있다.

그리고 주위의 다른 모든 불빛이 꺼지고
다른 모든 것이 침묵할 때,
목수의 톱질 소리,
망치 두드리는 소리가 들려오는데,
닫힌 공방에서 등불에 밤을 지새우며　　　　　　　　　　35
새벽이 밝기 전에 일을 마치려고
서둘러 열심히 일한다.

이날은 일주일 중 가장 즐거운 날,
희망과 즐거움이 가득하고,
내일이면 시간이　　　　　　　　　　　　　　　　　　40
슬픔과 권태를 가져오고, 각자
똑같은 괴로움으로 돌아갈 생각을 한다.

장난 좋아하는 소년에게
이 꽃 같은 나이는
즐거움으로 가득한 날,　　　　　　　　　　　　　　　　45
네 삶의 축제일에 앞서는
맑고 청명한 날과 같지.
소년이여, 즐겨라, 그것은
달콤한 순간, 즐거운 시절이니까.
다른 것을 말하고 싶지 않지만, 아직은　　　　　　　　50
늦게 오는 너의 일요일이 무겁지 않기를.

26
*
지배적인 생각[1]

깊은 내 마음의
가장 달콤하고 강력한 지배자,
무섭지만 사랑스러운
하늘의 선물,
내 우울한 날들의 동반자,　　　　　　　　　　　5
내 앞에 너무나 자주 나타나는 생각.

그대[2]의 신비한 성격에 대하여
누가 말하지 않는가? 우리 중에
누가 그 힘을 느끼지 못하였는가? 그런데도
자신의 감정에 이끌려 사람의 혀가　　　　　　　10

1　1831년에서 1835년 사이에 쓴 작품으로서 나폴리 판 《노래들》에 처음 실렸으며, 자유로운 칸초네 형식이다. 이어지는 세 편의 작품과 함께 파니 타르조니 토체티 (123쪽의 각주 1 참조)에 대한 '아스파시아 연작시'에 속한다.
2　위에서 그 속성을 열거한 사랑을 가리킨다.

그 효과에 대하여 말할 때마다
그가 하는 말은 처음 듣는 것 같지.[3]

그대가 거주지로 선택하자
그때부터 내 마음은
얼마나 외로워졌던가! 15
주위에서는 번개처럼 재빠르게
나의 다른 생각들이
모두 사라져 버렸어.
외로운 들판의 탑처럼 그대는
마음 한가운데에 거인처럼 혼자 있지. 20

오직 그대만 제외한 모든 삶,
지상의 모든 것이 내 눈에
어떻게 변했던가!
그 즐거움, 그대에게서 나에게로 오는
그 천상의 즐거움에 비하면, 25
한가함, 일상적인 관계,
헛된 즐거움에 대한 헛된 희망은
얼마나 견딜 수 없이 지겨운가!

---

[3] 사랑의 경험은 모든 사람에게 새롭게 보인다는 뜻이다.

험한 아펜니노산맥4의
황량한 바위들에서   30
멀리서 미소 짓는 녹색 들판을 향하여
여행자5가 열망의 눈길을 돌리듯이,
거칠고 메마른 세속적 대화에서
나는 행복한 정원처럼
기꺼이 그대에게로 돌아가고,   35
그대가 머물면서 내 감각을 다시 살리는구나.

불행한 삶과 어리석은 세상을
벌써 오랜 세월 동안
그대 없이 견디었다는 것이
믿을 수 없을 정도야.   40
어떻게 다른 사람은 그대를 닮지 않은
다른 욕망 때문에 한숨짓는지
이해할 수 없을 정도고.

그때 이후 처음으로 나는
삶이 무엇인지 체험으로 깨달았고,   45
죽음의 두려움도 가슴을 조이지 않았어.

---

4   이탈리아반도를 따라 세로로 이어지는 산맥이며 길이는 1,400km에 이른다.
5   아펜니노산맥의 높은 고개를 넘어가는 여행자이다.

무기력한 세상이 때로는 칭찬하고,
때로는 혐오하고 두려워하는
그 극단적인 필연성6이
이제 나에게는 장난처럼 보이고,　　　　　　　　　　　50
위험이 나타나면 미소와 함께
그 위협을 관조하지.

나는 언제나 겁쟁이들,
인색하고 비열한 영혼을 경멸했어.
지금은 모든 가치 없는 행동이　　　　　　　　　　　　55
곧바로 내 감각을 찌르고,
비열한 인간의 모든 예를
영혼은 곧바로 경멸하지.
이 오만한 시대,
헛된 희망을 품고　　　　　　　　　　　　　　　　　60
헛소리를 좋아하고 덕성에 적대적이며,
어리석게 유용성을 요구하고,7 그리하여
삶이 점점 더 쓸모없어지는 것을
보지 못하는 시대를

6　죽음을 가리킨다.
7　레오파르디는 당시 경제학이나 정치학 같은 실용적인 연구에만 몰두하며 문학을 경멸하는 태도에 대해 논쟁적으로 비판하였다.

나는 잘 알고 있어. 65
나는 인간의 판단을 비웃고,
멋진 생각들에 적대적이며
그대를 경멸하는 여러 무리를 짓밟지.

그대가 태어나는 감정에
다른 어떤 감정이 굴복하지 않을까? 70
아니, 그것 아닌 다른 어떤 감정이
인간들 안에 자리를 잡을까?
탐욕, 오만, 증오, 경멸,
명예나 왕국에 대한 욕망은
그것에 비하면 단지 75
욕심일 뿐이잖은가?
단지 하나의 감정이 우리 사이에 살고,
그것 하나, 강력한 군주를
영원한 법칙이 인간의 가슴에 주었지.

인간에게 모든 것인 바로 그것이 없다면, 80
삶은 아무런 가치도 존재할 이유도 없으니,
우리 인간이 지상에서
다른 보상 없이 고통만 겪게 만드는
운명에게 그것은 유일한 무죄이며,
오로지 그 덕분에 때로는 85

어리석지 않은 사람, 비열하지 않은 가슴에게
삶은 죽음보다 더 아름다워.

달콤한 생각이여, 그대의 즐거움을 얻기 위하여
인간의 고통을 체험하고
이 인간의 삶을　　　　　　　　　　　　　　　　　90
오랫동안 견딜 가치가 있었으니,
우리의 고통을 경험하였지만 나는
그 목표를 위하여 돌아와서
다시 삶[8]을 시작하고 싶어.
지금까지 나는 너무 피곤하여　　　　　　　　　95
모래들 사이와 독사들 사이로[9]
죽음의 사막을 거쳐 그대에게 가지 않았어,
우리의 이 고통을 벗어나는 것이
나에게는 큰 행복으로 보이지 않았으니까.

놀라운 그대의 마법이 종종　　　　　　　　　　100
나를 올려놓는 것 같은 그곳은
도대체 어떤 세상, 어떤 새롭고
방대한 곳, 어떤 천국인가!

8　원문에는 corso, 즉 삶의 "과정" 또는 "흐름"으로 되어 있다.
9　"모래"는 삶의 삭막함을 상징하고, "독사"는 인간의 사악함을 상징한다.

그곳에서 특별한 빛 아래[10] 방황하면서
나는 지상의 내 모습과   105
모든 진실을 잊을 수 있어!
인간들의 꿈이 그럴 거야.
세상에, 달콤한 생각이여,
결국 그대는 많은 곳에서
진실이 아름다워지는 꿈이야.   110
꿈이자 분명한 환상. 하지만
자연의 유쾌한 환상 중에서
그대는 신성해. 그렇게 생생하고 강하게
진실에 대항하여 집요하게 지속되고,
종종 진실처럼 보이고,   115
죽음에게 안기기 전에는 사라지지 않으니까!

오, 내 생각이여, 무한한 고통의
즐거운 원인이자, 내 삶에
유일하게 중요한 그대는 분명히
나와 함께 죽음으로 동시에 사라질 거야.   120
명백한 증거로 영혼 안에서 느끼듯이,
그대는 내 영원한 주인으로 주어졌으니까.
다른 달콤한 환상들은

---

10   원문에는 sott'altra luce che l'usata, 즉 "일상적인 것과 다른 빛 아래"로 되어 있다.

진실한 모습[11] 앞에서

언제나 약해지곤 했지.   125

그대와 함께 이야기하면서 내가 살게 해 주는

그녀[12]를 다시 보러 갈 때마다

그 커다란 즐거움[13]이 자라나고,

그 커다란 착란이 자라나고, 그래서 내가 살지.[14]

천사 같은 아름다움이여!   130

어디를 보아도 아름다운 얼굴은 모두

당신의 얼굴을 모방한

거짓 모습처럼 보이는구나.

당신만이 모든 즐거움의 유일한 원천,

유일하게 진정한 아름다움으로 보이는구나.   135

처음 당신을 본 이후

내 진지한 관심의 최종 목표는

당신이 아니었던가?

당신을 생각하지 않는 때가 있었던가?[15]

---

11 앞에서 말한 "달콤한 환상들"을 불러일으킨 여인의 실제 모습을 의미한다.
12 처음으로 구체적인 사랑의 대상을 가리킨다.
13 "즐거움"을 뜻하는 이탈리아어 diletto는 다음 행의 "착란"(delirio)과 비슷한 발음으로 두운(頭韻)을 맞추면서 의미상으로 더 강해진다.
14 원문에는 ond'io respiro, 즉 "그래서 내가 호흡하지"로 되어 있다.
15 원문에는 quanto del giorno è scorso, 즉 "하루의 얼마가 흘렀던가"로 되어 있다.

내 꿈에서 당신의 지고한 모습이 140
없었던 적이 있는가?
꿈처럼 아름다운 천사 같은 모습이여,
지상의 방에서,
우주 전체의 높은 길에서
당신의 눈보다 아름다운 무엇을 보고, 145
당신의 생각보다 달콤한 무엇을 가지려고
내가 요구하고 희망하겠는가?

27
*
사랑과 죽음[1]

신들이 사랑하는 자는 젊을 때 죽는다.[2]
– 메난드로스

운명은 동시에 낳았지,

사랑과 죽음 남매를.

그렇게 아름답고 찬란한 것들은

이 세상에 없고, 별들에도 없어.

사랑에게서는 행복이 태어나고,   5

존재의 바다에서 만나는

---

1   1831년에서 1835년 사이에 쓴 작품으로, 자유로운 칸초네 형식이다. 앞의 〈지배적인 생각〉과 마찬가지로 '아스파시아 연작시'에 속하며, 레오파르디의 가장 뛰어난 작품 중 하나로 꼽힌다. 원문의 제목과 본문에서도 두 핵심 단어를 모두 대문자로 표기하고 있으며, 따라서 고전 신화에서 종종 그러하듯이 보통명사를 신격화 또는 의인화한 대상으로 볼 수 있다. 로마 신화에서 '사랑'과 '죽음'을 신격화한 대상은 아모르와 모르스(그리스 신화에서는 에로스와 타나토스)이다.

2   원문에는 그리스어 문장(ὃν οἱ θεοὶ φιλοῦσιν ἀποθνήσκει νέος)에 대한 이탈리아어 번역문이 실려 있는데, 직역하자면 "하늘이 사랑하는 자는 젊을 때 죽는다"이다. 메난드로스(Μένανδρος, B.C. 342~291)는 고대 그리스의 희극 작가로, 그의 작품들은 대부분 소실되었다. 인용된 구절은 《단편들 IV》에 나오는 표현으로 알려져 있다.

최고의 즐거움이 태어나며,
죽음은 커다란 고통과
커다란 악을 모두 없애 주네.
소심한 사람들이 그리는   10
그런 모습이 아니라, 보기에
달콤하고 아름다운 아가씨[3]는
종종 어린 사랑[4]과
함께 있으면서 즐기지.
함께 인간의 길 위로 날아가는 그들은   15
모든 현명한 마음의 유일한 위안.
가슴은 사랑에 뒤흔들릴 때보다
더 현명한 적이 없었고, 불행한 삶을
더 강하게 경멸한 적 없었으며,
다른 어떤 주인을 위하여 그렇게   20
위험을 무릅쓸 각오가 없었으니,
사랑이여, 그대가 도와주는 곳에서는
용기가 태어나거나 다시 깨어나고,
으레 그렇듯이 사람은
헛된 생각에서가 아니라   25
행동에서 지혜로워진다네.

---

3   죽음을 가리킨다. 이탈리아어에서 '죽음'은 여성명사이고, '사랑'은 남성명사이다.
4   사랑, 즉 아모르가 소년이나 어린이의 모습으로 형상화되는 것을 암시한다.

깊은 가슴속에서
사랑스러운 애정이
새롭게 싹틀 때면,
피곤하고 지친 마음에서는   30
죽고 싶은 욕망을 느끼니,
그 이유는 모르지만, 진정하고 강력한
사랑의 첫 번째 효과가 그렇지.
자기 생각 속에 그리는
그 새롭고 유일하고 무한한   35
행복이 없다면,
아마 그 황량함에 두 눈은
놀라고, 아마 이 땅은 사람이
살 수 없는 곳처럼 보일지도 몰라.
하지만 가슴속에 거센 폭풍처럼 나타난   40
그 행복 때문에 평온함을 열망하고,
벌써 울부짖으며 사방을 어둡게 만드는
강렬한 욕망 앞에서
항구[5]에 정박하기를 열망하지.

---

5   페트라르카가 《칸초니에레》에서 자주 그랬듯이 인생을 항해에 비유하는데, 이 경우 항구는 죽음을 의미한다.

그리고 무서운 힘이   45
모든 것을 둘러싸고,
격렬한 열망이 가슴속에서 폭발할 때,
죽음이여, 괴로운 연인은
강렬한 욕망으로
얼마나 많이 그대에게 탄원하는가!   50
밤이 되면 지친 몸을
새벽까지 내버려 두었다가
다시 일어나지 않으면,
쓰라린 햇살을 다시 보지 않으면
행복하겠다고 얼마나 많이 되뇌었던가!   55
그리고 죽은 사람들을
영원한 망각으로 인도하는 노래,[6]
그 음울한 노랫소리에
아주 뜨거운 한숨과 함께
죽은 자들에게 가는 사람을   60
가슴 깊이 부러워하였지.
지식에서 나오는 덕성을
전혀 모르는 시골 사람이나
매우 단순한 민중도,
소심하고 수줍은 소녀도   65

---

6   장송곡을 가리킨다.

죽음의 이름을 들으면
머리칼이 곤두서고,
단호함이 가득한 시선으로
무덤과 장례 물품들을 바라보고,
칼이나 독약을 바라보며
오랫동안 생각에 잠기고,
이끌린 마음으로
죽음의 친절함을 이해하지.
사랑의 시련은 그렇게
죽음으로 이끈다네. 때로는
그 고통이 너무나 깊어
죽음의 힘을 견딜 수 없거나,
연약한 육신이
부서운 힘에 굴복하여, 그렇게
죽음이 사랑의 힘보다 우세하거나
사랑을 깊은 곳으로 몰아내면,
단순한 시골 사람이나
여린 소녀도 스스로
폭력적인 손으로
젊은 육신을 땅에 눕히는구나.
하늘로부터 노년과 평온함을 허락받은
세상은 그들의 운명을 비웃지.

정열적인 사람들, 행복한 사람들,

용감한 천재들에게

운명은 사랑이나 죽음[7]을 허용하니,   90

인류 가족의

달콤한 주인이자 친구인

그들의 힘에는 방대한 우주의

어떤 권능도 비견될 수 없고,

운명 외에는 어떤 힘도 능가하지 못하네.   95

그리고 어린 시절부터 내가

언제나 공손하게 탄원하는 그대,

아름다운 죽음이여, 유일하게

세상의 고통을 동정하는 그대여,

혹시 내가 그대를 찬양하였다면,   100

혹시 그대의 신성한 모습에 대한

파렴치한 군중의 모욕을

보상하려고 노력하였다면,

더 이상 늦추지 말고 이례적인

간청에 몸을 숙여   105

이제 이 슬픈 눈을 빛으로부터

감겨 주오, 오, 시간의 여왕[8]이여.

---

7   원문에는 l'uno o l'altro di voi, 즉 "너희들 중에서 이것이나 저것"으로 되어 있다.
8   죽음을 가리킨다.

내 탄원에 언제 날개를 펼치든지,
단호하게 머리를 똑바로 쳐들고
운명에게 저항하는 나를   110
그대는 확실히 찾을 수 있을 것이니,
채찍질하며 내 순수한 피로
물드는 손을
찬양하지도 말고,
오래된 비열함으로 사람들이 으레   115
그러하듯이 축복하지도 마오.
아이들 같은 세상을
위로하는 모든 헛된 희망,
모든 어리석은 위안을 나에게서
내동댕이치고, 그대가 아니라면   120
언제나 다른 어느 시간도 바라지 않고,
오로지 순결한 그대 가슴에
잠든 내 얼굴을 기댈 날을
평온하게 기다리고 있겠소.

28
*
자기 자신에게[1]

이제 영원히 쉬어라, 지친 내 심장아.
영원하리라 믿었던
궁극적인 속임수[2]는 죽었다. 죽었어.
분명히 느끼는데, 우리에게서 사랑스러운 환상의
희망뿐만 아니라 욕망도 꺼졌다.   5
영원히 쉬어라. 너는 많이 고동쳤어.
아무것도 너의 고동침에 합당하지 않고,
땅도 너의 한숨을 받을 가치가 없어.
삶은 쓰라림과 권태일 뿐,
세상은 진흙에 지나지 않아.   10
이제 진정해라. 마지막으로

---

1 1835년 봄에 쓴 것으로 짐작되는 이 작품은 나폴리 판 《노래들》에 처음 실렸다. 당시 파니 타르조니 토체티에 대한 레오파르디의 열정이 사라진 상태에서 앞에 나온 위대한 사랑의 노래들을 봉인하는 작품으로 평가된다.
2 사랑의 환상이다.

절망해라. 우리 인간에게 운명은
오로지 죽음만을 선물했지. 이제
너 자신과 자연, 숨어서
모두에게 해를 끼치며 지배하는 사악한 힘,   15
모든 것의 끝없는 공허함을 경멸해라.

29
*
아스파시아[1]

아스파시아, 당신의 모습이 가끔
내 생각에 떠오르네요. 거리[2]에서는
다른 얼굴들 위로 반짝이며 달아나듯이
스쳐 지나가고, 황량한 들판에서는
투명한 햇살이나 말 없는 별빛 아래   5
마치 감미로운 음악에 다시 깨어나듯이
지금도 혼란에 빠지려는 영혼 속에
그 오만한 모습이 떠오르는군요.

---

1   1833년에서 1835년 사이에 나폴리에서 쓴 작품으로 나폴리 판 《노래들》에 처음 실렸다. 아스파시아(Aspasia, B.C. 470?~400?)는 밀레토스 출신 여인으로 페리클레스의 연인이었으며, 그녀의 가르침은 소크라테스를 비롯한 탁월한 사상가들과 작가들에게 영향을 주었다. 일부에서는 그녀가 창녀였다고 주장하기도 한다. 여기에서는 '아스파시아'가 파니 타르조니 토체티를 가리키는데, 레오파르디는 그녀의 사랑을 받지 못한 자신의 열정이 환상이자 꿈이었다고 자책하면서 그녀를 폄훼하고, 동시에 여자는 아름다우나 지적으로 열등하다며 비방한다.

2   원문에는 abitati lochi, 즉 "거주지들"로 되어 있다.

오, 신들이여, 한때는 얼마나 찬양받았고,

얼마나 나의 희열이자 고통³이었던가!　　　　　　　　10

꽃 핀 들판에 퍼지는 향기나

도시 길목의 꽃 내음이 닿을 때면

아직도 나는 그날의 당신을 본다오.

온통 새로운 봄꽃의 향기가 가득한

사랑스러운 방들에서 당신은　　　　　　　　　　　15

짙은 제비꽃 빛깔의 옷차림으로

나에게 천사 같은 모습을 보이면서

산뜻한 가죽 소파에 몸을 기댄 채

신비로운 관능성에 둘러싸여 있었고,

노련하게 유혹하는 여인답게　　　　　　　　　　　20

당신 아이들의 굽은 입술에다

소리를 내며 뜨거운 입맞춤을 퍼붓고,

그동안 눈처럼 하얀 목을 내밀며

아무것도 모르는 아이들을

너무나 아름다운 손으로　　　　　　　　　　　　　25

열망하던 감추어진 가슴에 껴안았지요.

내 생각에는 새로운 하늘, 새로운 땅,

신성한 빛 같았어요. 그렇게

3　원문에는 erinni, 즉 "에리니스들"로 되어 있다. 에리니스에 대해서는 87쪽의 각주 3 참조.

완전히 무방비한 가슴⁴에다 당신의 팔은
강한 힘으로 화살⁵을 날렸고, 박혀 버린 화살을   30
지니고 다니며 나는 울부짖었지요. 태양이
마침내 두 번 그날로 돌아올 때까지요.⁶

여인이여, 당신의 아름다움은 내 생각에
신성한 빛 같았다오. 신비로운 천국⁷의
깊은 신비를 드러내는 듯한   35
조화로운 음악과 아름다움이
그와 비슷한 효과를 주지요. 그렇게
상처 입은⁸ 사람은 자기 마음의 딸인
사랑의 이데아⁹를 염원하게 되는데,
그녀는 천상¹⁰을 대부분 갖고 있으며,   40
도취한 연인이 혼란 속에서 사랑하고
염원한다고 생각한 여인과

---

4 원문에는 fianco, 즉 "옆구리"로 되어 있다.
5 사랑의 화살이다.
6 2년이 지났다는 뜻이다.
7 원문에는 Elisi, 즉 "엘리시온"으로 되어 있다. 엘리시온 또는 엘레시온 들판('Ηλύ-
   σιον πεδίον)은 고대 그리스인들이 상상한 낙원으로, 호메로스는 이곳이 육지의 서
   쪽 끝 오케아노스 옆에 있다고 하였다.
8 사랑의 화살에 맞았기 때문이다.
9 사랑에 빠진 사람은 마음속으로 이상적인 여인을 상상한다는 뜻이다.
10 원문에는 "올림포스"로 되어 있다.

얼굴과 행동과 말에서 완전히 똑같지요.[11]
그리고 연인은 육체적인 사랑에서도
바로 그녀[12]를 받들고 사랑하지요.   45
결국에는 오류와 뒤바뀐 대상을 깨닫고
화를 내며, 종종 부당하게 그 잘못을
여자 탓으로 돌리지요. 여자의 본질이
그런 탁월한 모습에 이르는 경우는 드물고,
여자는 자기 아름다움이 너그러운 연인들에게   50
불어넣는 것을 생각하지도 않고
이해하지도 못할 것이오. 그 좁은 머리에는
그런 생각이 떠오를 수 없어요.
현혹된 남자는 생생한 눈의 반짝임에서
희망을 품고, 본성에 있어 남자보다   55
완전히 열등한 자에게서 훨씬 더
남성적이고 심오하고 신비로운 느낌을
잘못 요구하는데, 여자의 몸은
더 부드럽고 연약하지만,
정신은 더 무능력하고 약해요.   60

---

11 사랑에 빠진 사람은 실제 여인과 상상 속의 이상적인 여인을 혼동한다는 뜻이다.
12 상상 속의 이상적인 여인을 가리킨다. 육체적 사랑에서도 현실의 여인이 아니라 상상의 여인을 사랑한다는 뜻이다.

아스파시아, 당신도 당신 자신이
한동안 내 생각에 불어넣은 것을
상상할 수 없었을 것이오.
얼마나 엄청난 사랑, 어떤 강렬한 고통,
말할 수 없는 감동과 열광을   65
나에게 일으켰는지 모를 것이고,
이해하는 날이 오지도 않을 것이오.
음악적 화음을 창조하는 사람이
듣는 사람에게 손이나 목소리로 주는
효과를 모르듯이. 내가 그렇게 사랑하던   70
그 아스파시아[3]는 죽었다오. 한때 내 삶의
목적이었던 그녀는 영원히 누워 있고,
다만 사랑스러운 유령처럼 이따금
다시 나타났다가 사라지네요. 당신[14]은
지금도 아름다울 뿐 아니라, 내가 보기에는   75
다른 모든 여인보다 아름답게 살고 있지요.
하지만 당신에게서 나온 열정은 꺼졌다오.
나는 당신이 아니라, 전에는 살았지만 이제
내 가슴속에 묻힌 여신을 사랑하였으니까요.
나는 그 여인을 오랫동안 받들었으니,   80

---

13   상상 속의 이상적인 아스파시아를 가리킨다.
14   현실의 여인을 가리킨다.

그녀의 천상적인 아름다움이 너무 좋아서
처음부터 당신의 기술과 속임수에 대하여
분명하게 알면서도, 당신의 눈을 보면서
그녀의 아름다운 눈을 보았고,
그녀가 살아 있는 동안 탐욕스럽게　　　　　　　　　　85
당신을 뒤쫓았고, 속지는 않았지만
그 달콤한 닮음의 즐거움에 이끌려
오랫동안 예속과 쓰라림을 견뎠던 것이오.

이제 당신은 자랑할 수 있으니, 자랑하시오.
여성 중에서 단지 당신에게만 내가　　　　　　　　　　90
당당한 머리를 숙였고, 불굴의 내 심장을
자발적으로 제공하였다고 이야기해요.
처음이자 분명히 마지막으로 애원하는
내 눈을 보았고, 당신 앞에서 소심하게
떨고 있는 나를 보았고, (다시 말하자니　　　　　　　　95
경멸과 부끄러움에 달아오르네요) 넋이 나가[15]
당신의 모든 욕망, 모든 말, 모든 행동을
소심하게 염탐하고, 당신의 오만한 짜증에
안색이 창백해지고, 친절한 눈짓 하나에
얼굴이 빛나고, 모든 눈길에 안색과 태도가　　　　　　　100

15　원문에는 me di me privo, 즉 "내가 없는 나"로 되어 있다.

바뀌는 나를 보았다고 말해요. 이제 마법은
깨져서 무너졌고, 그와 함께 멍에도 땅에
흩어졌으니 나는 즐겁다오. 그리고
비록 권태가 가득해도 오랜
착란과 예속 뒤에 마침내 행복하게   105
지혜와 자유를 껴안는다오.
삶에 애정과 달콤한 환상이 없고
한겨울의 별빛 없는 밤과 같겠지만,
인간의 운명으로 나에게는 충분하고,
여기 풀밭에 꼼짝하지 않고 게으르게 누워   110
바다와 땅과 하늘을 바라보면서
미소 짓는 것이 위안이자 복수라오.

30
*
죽은 젊은 여인이
가족과 작별하고 떠나가는 모습이 새겨진
옛 무덤의 돋을새김에 대하여[1]

어디로 가나요? 누가 당신을

사랑하는 가족에게서 멀리 불렀나요,

아름다운 아가씨여?

혼자 가면서 아버지의 집을

그렇게 빨리 떠나나요? 이 집[2]으로 다시   5

돌아오겠지요? 오늘 옆에서 울고 있는 사람들을

언젠가 즐겁게 해 줄 것이지요?

---

1 《노래들》 초판이 출판된 1831년 이후에 쓴 것이 분명하지만 정확한 창작 시기는 알 수 없는 작품이다. 나폴리 판 《노래들》에 처음 실렸으며, 자유로운 칸초네 형식이다. 일부 비평가에 의하면 이 시는 1831~1832년 사이에 로마에서 착상되었는데, 극적인 효과를 위해 "옛날 무덤"이라고 말하지만 실제로는 1825년에 카라라 출신 신고전주의 조각가 피에트로 테네라니(Pietro Tenerani, 1789~1869)가 열아홉 살 나이에 죽은 클렐리아 세베리니(Clelia Severini)를 위하여 제작한 묘비를 보고 영감을 얻었다고 한다. 한편으로는 돋을새김이 구체적으로 무엇인지 알 수 없다는 문제 제기도 있다.

2 원문에는 soglie, 즉 "문지방"으로 되어 있다.

눈물을 닦고 활기차게 움직여도
당신은 슬프군요. 가는 길이
편안한지 힘든지, 가는 목적지[3]가   10
슬픈지 즐거운지,
당신의 그 심각한 모습에서는
예측하기 어렵군요. 아아, 나 자신도
아직 확신할 수 없고, 아마 세상에서도
아직 모를 것이오, 하늘에서 당신을   15
싫어하였는지 아니면 사랑하였는지,
당신이 불행한지 아니면 행운이 함께하는지.

죽음이 당신을 부르네요, 삶[4]의 시작이
바로 마지막 순간이군요. 떠나는 보금자리로
당신은 돌아가지 못할 것이오.   20
사랑하는 당신 가족들의 모습을
영원히 떠나는군요.
당신이 가는 곳은 땅속,
그곳이 당신이 영원히 살 곳이라오.
아마 당신은 축복받았겠지만,   25

---

3   원문에는 ricetto, 즉 "장소"로 되어 있다.
4   원문에는 giorno, 즉 "하루" 또는 "날"로 되어 있다.

보는 사람은 당신의 운명에 한숨을 쉴 것이오.

아예 빛을 보지 않는 것이
더 나았다고 나는 믿는다오.
하지만 태어났고, 아름다움이 멋지게
몸과 얼굴에 펼쳐지고, 30
세상이 멀리에서 당신을 향하여[5]
경의를 표하기 시작할 때,
모든 희망이 피어오를 때,
행복한 얼굴에 거슬러
진실이 음울한 번개[6]를 던지기 훨씬 전에, 35
덧없는 형상의 작은 구름으로
지평선에 모인 수증기처럼
마치 형성되지 않은 듯이 흩어지고,
무덤의 검은 침묵과
미래의 날들을 바꾸는 것,[7] 40
그것은, 비록 지성에게는
행복해 보이더라도, 확고한 사람들[8]의
가슴을 큰 연민으로 채우는군요.

---

5 원문에는 "그녀를 향하여"로 되어 있다.
6 죽음을 가리킨다.
7 아직 살지 않은 미래를 죽음("무덤")과 바꾼다는 뜻이다.
8 확고한 이성으로 무장된 사람들을 가리킨다.

동물들9이 태어날 때부터
두려워하고 슬퍼하는 어머니,　　　　　　　　　　45
자연이여, 죽이기 위해 낳고 부양하는
찬양할 수 없는 경이로움이여,
때 이르게 죽는 것이
인간에게 고통이라면, 왜 그것을
순수한 사람들에게 허용하시나요?　　　　　　　50
만약 그것10이 선이라면, 그런 떠남이
떠나는 자에게, 삶에 남아 있는 자에게
왜 불행하고, 왜 다른 어떠한 고통보다
견딜 수 없는 괴로움이 되나요?

이 감각 있는 자식11은　　　　　　　　　　　　55
어디를 둘러보아도 불쌍하고,
어디를 향해 가 보아도12 불쌍하군요!
그대가 좋아한 대로,13

9　원문에는 animal famiglia, 즉 "동물 가족"으로 되어 있다.
10　위에서 말한 "때 이르게 죽는 것"이다.
11　인간을 가리킨다. 레오파르디는 인간을 비롯한 동물은 감각이 있기에 고통을 느끼고 불행하다고 생각하였다. 따라서 여기에서 "감각 있는"(sensibil)이라는 표현은 불행하다는 관념과 연결되어 있다.
12　도움을 구하기 위해 헤매는 것을 의미한다.
13　원문에는 piacqueti, 즉 "그대의 마음에 들었다"로 되어 있다. 여기에서 그대는

젊은이의 희망이 삶에 의해 좌절되고,
세월의 물결은 고통으로 가득하고, 60
고통에 대응할 유일한 보호막은 죽음인데,
그 피할 수 없는 봉인,
그 변하지 않는 법칙을 당신은
인간의 삶에 부여하였어요.
아, 무엇 때문에 힘겨운 노정 뒤에 65
최소한 행복한 종말을 마련하지 않았나요?
오히려 우리가 살면서 확실한 미래로
언제나 영혼 앞에 갖고 다니는 죽음,
우리의 고통이
유일한 위안으로 가진 죽음을 70
무엇 때문에 검은 천[14]으로 뒤덮고,
그렇게 슬픈 그림자로 둘러싸고,
그 어떤 폭풍보다 더 무섭게 보이는
항구[15]를 우리에게 보여 주나요?

죄 없고 순진하며, 원하지 않는데도 75
삶으로 던져진 우리 모두에게

  자연을 가리킨다.
14 슬픔과 고통을 가리킨다.
15 삶의 마지막 도착점인 죽음을 가리킨다. "폭풍"은 고통으로 가득한 삶의 과정을
    상징하는데, 죽음이 그보다 더 무섭게 보인다는 뜻이다.

그대[16]가 정해 놓는 그 죽음이
만약 불행이라면,
사랑하는 사람들의 죽음을 보는
사람에 비하면, 죽는 사람이 분명히 80
부러울 만한 운명이지요.
내가 확실하게 믿고 있듯이
실제로 삶이 불행이라면
죽음은 은총인데, 하지만 그렇다면 누가
마땅히 그래야 한다는 듯이 85
사랑하는 사람의 마지막 날을 원하고,
자신은 자기 일부를
잃어버린 채 남아 있고,
오랫동안 함께 살아야 할
사랑하는 사람을 90
집에서 빼앗기는 것을 가만히 바라보고,
이 세상의 길에서
다시 만나리라는 희망도 없이
그 사람과 작별하고,
그런 다음 지상에 혼자 버림받고 95
주위를 보며 익숙한 시간과 장소에서
지나간 동행을 기억해야 하나요?

---

16 여전히 자연을 가리킨다.

아, 어떻게, 자연이여, 그대의 가슴은
친구의 팔에서
친구를 빼앗고, 100
형제에게서 형제를,
부모에게서 자식을,
연인에게서 사랑을 빼앗고, 하나는 죽고
다른 하나는 살아 있게 하는 건가요?
어떻게 우리 인간이 살아남아 105
인간을 사랑하는 그런 고통을
필연적인 것으로 만들었나요? 하지만 자연은
자기 행동에서 우리 고통이나 행복보다
다른 것에 신경을 쓰고 있다오.

31
*
자신의 묘비에 새겨진
어느 아름다운 여인의 초상화에 대하여[1]

그런 모습이었던[2] 당신이 이제
여기 땅속에 먼지와 해골로 있군요.
지나간 아름다움의 모습이
뼈와 진흙 위에 쓸모없이
놓인 채[3] 움직이지 않고   5
말없이 날아가는 세월을 바라보는,
단지 기억과 고통의 수호자로군요.
그 부드러운 눈길은 누군가를 응시하면

---

1   앞에 실린 〈죽은 젊은 여인이 가족과 작별하고 …〉와 비슷한 시기에 완성된 작품으로 짐작되며 나폴리 판 《노래들》에 처음 실렸다. 이 작품도 피에트로 테네라니가 제작한 묘비의 조각에서 착상되었다. 젊은 여인의 죽음을 주제로 하는 두 작품은 여러 가지 면에서 서로 대비된다. 형식은 운율을 맞추지 않은 11음절 시행들로 되어 있다.
2   조각 작품에 묘사된 것을 보고 살아 있었을 때의 모습을 추정한다는 뜻이다.
3   초상화가 새겨진 묘비가 무덤 위에 놓여 있는 것을 가리킨다.

떨리게 하였을 것 같고, 그 입술은
깊은 즐거움이 가득한 항아리처럼　　　　　　　　10
즐거움으로 넘쳤을 것 같고, 그 목은 한때
욕망이 껴안았을 것이고,
그 사랑스러운 손은 붙잡는 손이 종종
차가워지는 것을 느꼈을 것이며,
그 가슴은 분명히 사람들을　　　　　　　　　　15
창백하게 만들었을 텐데,
한때 그랬지만 지금 당신은
진흙과 뼈일 뿐이고, 돌4 하나가
창피하고 슬픈 모습을 감추고 있네요.

우리에게 생생한 하늘 같았던　　　　　　　　　20
모습을 운명은 그렇게 바꾸는군요.
우리 존재의 영원한 신비.
오늘 탁월하고 위대한 생각과
경이로운 느낌의 원천으로서
아름다움은 우뚝 서서,　　　　　　　　　　　　25
불멸의 자연이 이 모래밭에
비추는 광채처럼,
초월적인 운명과

4　묘비를 가리킨다.

행복한 왕국과 황금 세상의

확실한 희망과 징조를   30

인간의 삶에 주는 것 같은데,

내일이면, 가벼운 힘5에 의해,

예전에는 마치

천사의 모습처럼 보이던 것이

보기에 더럽고 역겹고 천박해지고,   35

거기에서 나온

경탄할 만한 관념도

마음에서 함께 사라지는군요.

탁월한 음악은 자연스러운 역량으로

열망하는 마음속에   40

무한한 욕망과

고귀한 상상력을 심어 주고,

그러면 인간의 정신은

바다에서 즐겁고 신비롭게 방황하지요,

즐기듯이 대담하게 대양에서   45

헤엄치는 사람처럼.

하지만 불협화음 하나가

귀에 상처를 주면, 순식간에

---

5   죽음을 암시한다.

그 천국은 허무로 돌아간다오.

오, 인간의 본질이여, 만약 네가 그렇게　　　　　　　　　　50
약하고 초라하며, 먼지와 그림자일 뿐이라면,
어떻게 그런 고귀함을 느낄까?
만약 일부라도 고귀하다면,
너의 가치 있는 생각과 움직임은
어떻게 그런 낮은 원인에서　　　　　　　　　　　　　　55
가볍게 일어났다가 꺼지는가?

32
*
지노 카포니 후작에게
보내는 철회의 시[1]

언제나 탄식하는 것은 아무 소용없네.[2]
- 페트라르카

내가 잘못 생각했군요, 진솔한 지노여,

아주 오랫동안 잘못 생각했어요. 삶은

초라하고 헛되며, 지금 돌아가는 시대는

---

1 정확한 창작 시기는 알 수 없으나 본문에 나오는 콜레라와 톰마세오에 대한 언급으로 추정하면 1834~1835년 사이에 쓴 것으로 보인다. 나폴리 판《노래들》에 처음 발표된 이 작품은 운율을 맞추지 않은 11음절 시행들로 이루어져 있다. 이탈리아어 제목의 palinodia는 고전 수사학에서 나온 용어로, 무엇인가 말했는데 그것이 틀렸다고 생각하여 말하는(그러니까 "철회"하고 "취소"하는) 텍스트를 가리킨다. 여기에서 레오파르디는 기술 문명의 발전과 진보를 맹신하는 당시 사회의 경박함을 비판하던 입장을 "철회"하고, 그와 반대로 찬양하는 것처럼 말한다. 하지만 실제로는 레오파르디가 소외자이며 모든 것을 비판하는 까다롭고 불쾌한 사람이라고 피렌체 사람들이 비난한 것에 대하여 자신을 방어하면서 당시 풍습을 아이러니하고 비꼬는 어조로 풍자하고 비판한다. 지노 카포니(Gino Capponi, 1792~1876) 후작은 피렌체 출신 문인이자 정치가로 레오파르디의 친구였는데, 자신이 바로 풍자의 대상인 순진한 낙천주의자 중 하나인데도 불구하고 이 '철회의 시'를 자신에게 보내는 것을 허락하였다.

2 Il sempre sospirar nulla releva. 페트라르카의《칸초니에레》에 실린 105번 칸초네의 4행에 나오는 구절이다.

다른 시대보다 어리석다고 생각했지요.
내 언어는 축복받은 인간3 후손에게   5
참을 수 없게 보였어요. 만약 인간을
필멸이라 불러야 하거나 그럴 수 있다면 말이오.
놀라움과 경멸 사이에서
탁월한 후손은 자신이 거주하는
향기로운 에덴에서4 웃으며 말하였지요,   10
나는 소외되었거나 행운이 없고,
즐거움을 모르거나 무능력한데,
내 운명이 일반적인 운명이며, 내 고통이
인류 보편의 고통이라 믿었다고 말입니다.
그런데 마침내 향기로운 시가 연기 사이로,   15
바삭거리는 과자의 소음에,
아이스크림과 음료를 주문하는
군대 같은 외침에, 부딪치는 찻잔과
휘젓는 티스푼 사이에서, 신문들의
일상적인 빛이 내 눈에 생생히 빛나더군요.5   20
나는 인간 운명의 즐거움과 공개적인 기쁨을
보고 확인하였지요. 지상적인 것들의 가치와

---

3   원문에는 mortale로 되어 있는데, "필멸의" 또는 "죽을 운명의"를 뜻하는 형용사이며 명사로는 "인간"을 뜻한다.
4   온건한 자유주의자들의 낙천적 의식을 아이러니하게 표현하고 있다.
5   이어서 신문을 통해 드러나는 당시의 세태를 풍자한다.

탁월한 상태, 완전히 꽃핀 인간의 삶을 보았고,

이 아래에서는 불쾌하면서 지속되는 것은

전혀 없다[6]는 사실을 깨달았어요.   25

그에 못지않게 놀라운 작품과 연구,

우리 시대의 지혜와 덕성과

고귀한 지식도 보았지요. 그리고

모로코에서 중국[7]까지, 북극[8]에서 나일강까지,

보스턴에서 고아[9]까지 왕국들과 제국들,   30

공작령들이 고귀한 행복의 발자국을 뒤쫓아

경쟁하듯이 숨을 헐떡이며 달려가면서,

그 물결치는 머리칼이나 뱀의 꼬리[10]라도

붙잡으려는 것을 알았어요. 그렇게

넓은 종이들을 보고 깊이 성찰하면서   35

옛날 나의 심각한 오류와

나 자신에 대해 부끄러워졌지요.

---

6 원문에는 nulla quaggiù dispiace e dura로 되어 있는데, 페트라르카의 《칸초니에레》에 실린 311번 소네트의 14행 구절 nulla qua giù diletta e dura("이 아래에서 즐겁고 지속되는 것은 전혀 없다")를 패러디한 것이다. 즐겁고 재미있는 것만 추구하는 풍습을 비판하고 있다.
7 원문에는 "카타이"(Catai, 영어로는 Cathay)로 되어 있다.
8 원문에는 Orse, 즉 "곰들"로 되어 있는데 북쪽 하늘의 큰곰자리와 작은곰자리를 가리킨다.
9 Goa. 인도 서부 해안의 인도양과 마주하고 있는 지방이다.
10 위에서 말한 행복의 머리나 꼬리를 가리킨다.

지금은 파르카[11]의 물렛가락이

황금시대를 펼치고 있군요,[12] 지노여.

언어와 편집[13]이 제각각인 모든 신문이   40

온 사방에서 한목소리로

세상에게 그것을 약속하고 있군요.

보편적인 사랑, 철길,[14] 다양한 상업,

증기 기관, 인쇄기, 콜레라[15]가 멀리

떨어진 사람들과 기후를 한데 묶어 줄 것이며,   45

소나무나 참나무가 젖과 꿀을 흘리거나

왈츠 음악에 맞춰 춤을 추어도

놀랍지 않을 것이오.

지금까지 증류기와 정제기[16]의 능력,

---

11 로마 신화에 나오는 운명의 여신이다(89쪽의 각주 6 참조).
12 로마 시대의 정치가이자 문인 심마쿠스(Quintus Aurelius Symmachus, 345?~402)의 글에 나오는 라틴어 구절 iamdudum saeculum aureum currunt fusa parcarum을 문자 그대로 번역한 표현이다. 베르길리우스도 《전원시》(*Ecloga*) 4권 46~47행에서 비슷한 표현으로 두 번째 황금시대를 예언하였다.
13 원문에는 colonne, 즉 "칼럼들"로 되어 있다.
14 원문에는 ferrate vie, 즉 "쇠로 만든 길들"로 되어 있는데, 당시에는 '철도'를 뜻하는 용어 ferrovia가 아직 보편화되지 않았다.
15 원문에는 choléra로 되어 있는데, 프랑스어이다. 이탈리아어로는 coléra이다. 여기에서 냉소적으로 거론하는 전염병 콜레라는 1832년부터 널리 퍼졌고, 레오파르디는 나폴리에 콜레라가 널리 퍼졌을 때 죽었다.
16 원문에는 복수로 lambicchi와 storte(영어로는 alembic과 retort)로 되어 있는

하늘과 경쟁할 만한 기계들이 발전하였고,　　　　　　　　50
다가올 미래에도 많이 발전하겠지요.
셈과 함과 야벳17의 씨앗은
더욱더 훌륭하게 끝없이 날아가고
앞으로도 계속 날아갈 테니까요.

하지만 땅은 분명 도토리를 먹지 않을 것이오,　　　　　　55
굶주림이 강요하지 않는다면.18
단단한 쇠19를 놓지도 않을 것이오,
종종 은행권20에 만족하여
금과 은을 경멸하겠지만.
그리고 너그러운 혈통21은 자기 동족의　　　　　　　　60

　　　데, 둘 다 "증류기"를 뜻한다. 여기에서는 연금술에 사용되는 도구들을 가리킨다.
17　노아의 아들들로 그들에게서 인류가 퍼져 나갔다. "방주에서 나온 노아의 아들은 셈과 함과 야벳이다. 함은 가나안의 조상이다. 이 셋이 노아의 아들인데, 이들에게서 온 땅으로 사람들이 퍼져 나갔다."(〈창세기〉 9장 18~19절)
18　"도토리"는 전설적인 황금시대에 땀 흘리지 않고 쉽게 얻을 수 있는 먹거리 열매로 간주되었다(오비디우스,《변신이야기》제1권 89~106행 참조). 그렇지만 여기에서 말하는 "굶주림"은 앞에서 말한 "콜레라"와 함께 당시 인류에게 커다란 위협이 되었다.
19　잔인한 무기를 가리킨다. 행복한 황금시대에는 쇠가 없었으며 그에 따라 노동의 도구나 무기도 없었다.
20　원문에는 polizze di cambio로 되어 있는데, 직역하면 "교환 증서"로 금이나 은과 교환할 수 있는 증서, 즉 근대에 들어와 널리 사용되기 시작한 지폐를 가리킨다.
21　인류를 가리킨다.

소중한 피를 흘리는 손을 억제하지 않겠지요.

오히려 유럽과 대서양의 맞은편 해안,

순수한[22] 문명을 신선하게 부양하는 곳[23]은

살육으로 뒤덮일 것이니, 대립하는

형제들의 무리를 전쟁터로 몰아넣는　　　　　　　　　　65

치명적인 원인은 언제나 후추나 계피,

다른 향신료, 사탕수수, 또는

황금이 될 수 있는 모든 것이니까요.[24]

진정한 가치와 덕성, 겸손과 믿음,

정의에 대한 사랑은, 어떤 공적 상태에서든　　　　　　70

언제나 모든 것에서 소외되고 공동의

협상에서 배제되거나, 모든 것에서

불행하여 패배하고 고통을 겪겠지요,

자연이 언제나 지배당하게[25] 만들었으니까요.

오만한 대담함과 기만이 평범함과 함께　　　　　　　　75

언제나 떠오르는 운명으로 지배하겠지요.

명령권[26]과 권력은 남용될 것이오,

22　역설적 표현이다.
23　미국을 비롯한 아메리카 대륙을 가리킨다.
24　대규모 플랜테이션 농업으로 원주민을 착취하는 유럽 강대국들의 식민지 정책을 비판하고 있다.
25　원문에는 starsene in fondo, 즉 "바닥에 있도록"으로 되어 있다. 위에서 말한 좋은 가치들은 자연에 의해 언제나 패배할 운명이라는 것이다.
26　원문에는 imperio로 되어 있는데, 고대 로마에서 총사령관의 "명령권"을 의미하

집중되든 흩어지든, 어떻게 원하든,

어떤 이름으로 누가 갖고 있든지 말이오.

이 법칙은 처음부터 자연과 운명이   80

금강석에다 새겨 놓았으니,

볼타[27]나 데이비[28]도 자신의 번개로

지우지 못할 것이며, 영국 전체가 모든

기계를 동원해도, 새로운 시대가 정치적 글들의

갠지스강[29]을 끌어와도 지우지 못할 겁니다.   85

착한 자는 언제나 슬프고,

악하고 비열한 자는 언제나 즐거우며,

탁월한 영혼들에 대해 언제나

세상은 모두 무장하고 공모하겠지요.

진정한 명예에는 비방과 증오, 원한이 따르고,   90

약한 자는 강한 자들의 먹이가 되고,

굶주린 거지는 부자의 숭배자이며 종이고,

모든 형태의 사회적 통치에서,

황도대나 극에서 멀든 가깝든,

        였고, 따라서 제국의 권력을 가리킨다.

27 알레산드로 볼타(Alessandro Volta, 1745~1827)는 이탈리아의 물리학자로 전기 배터리를 발명했다.

28 험프리 데이비(Humphry Davy, 1778~1829)는 영국의 화학자이자 발명가로 전기화학 기술을 이용하여 여러 가지 발명품을 만들었다.

29 정치적 글들을 쓰는 데 사용된 잉크의 강물을 말한다.

우리 인류에게 거주지와 햇살이					95
사라지지 않는 한, 영원히 그럴 겁니다.

지나간 시대의 이 가벼운 유물들,30
이런 흔적을 지금 일어나는 황금시대가
각인하여 지니고 다니는 것은 당연하지요.
왜냐하면 인간 사회는 원래 여러				100
대립적이고 모순되는 원칙들과 당파들을
갖고 있기 때문이지요. 그리고 그런 증오를
화해시키는 데에는, 그 탁월한 종족이
태어난 날부터 인간의 지성과 힘은
아무 소용이 없었고, 우리 시대에는				105
아무리 현명하거나 강력하더라도,
어떤 협상이나 신문도 소용없을 것이오.
하지만 중요한 것들에서
인간의 행복은 전례 없이 완벽해질 겁니다.
모직이든 비단이든 옷들은					110
날이 갈수록 부드러워질 것이오.
농부들과 노동자들은 경쟁하듯이

---

30 베르길리우스의 《전원시》 4권 31행에 나온 구절 Pauca tamen suberunt priscae vestigia fraudis("최초 속임수의 소수 흔적만 남아 있을 것이다")를 패러디한 표현이다.

투박한 천을 벗고, 거친 피부를
면으로 감싸고, 등을 비버 모피로 덮겠지요.
매우 편안하고,³¹ 분명히 보기에도   115
더 기분 좋은 양탄자와 담요,
의자, 소파, 간이 의자, 식탁, 침대,
다른 모든 가구는 짧은 아름다움³²으로
아파트들을 장식할 것이며,
그을린 부엌은 새로운 모양의 냄비와   120
새로운 팬에 감탄할 것입니다.
파리에서 칼레,³³ 칼레에서 런던,
런던에서 리버풀로 가는 길³⁴은
누구도 상상할 수 없을 정도로 빨라
날아가는 듯할 것이고, 템스강의   125
넓은 길들 아래로 통로가 열릴 것인데,
벌써 몇 년 전에 뚫렸어야 하는
불멸의 대단한 작업이지요.³⁵

---

31 원문에는 meglio fatti al bisogno로 되어 있는데, 직역하면 "필요에 더 잘 만들어진" 정도가 될 것이다.
32 원문에는 menstrua beltà, 즉 "한 달 동안의 아름다움"으로 되어 있다. 유행이 자주 바뀌는 것을 풍자한다.
33 Calais. 프랑스 북부 도버 해협에 면한 항구 도시이다.
34 철도를 가리킨다.
35 런던의 와핑(Wapping)과 로더하이드(Rotherhithe) 사이에 템스강 아래로 뚫린 철도 터널은 1799년 계획되어 1805년에 공사를 시작하였으나, 확장을 위해 중단

주요 도시의 외진 길들은 밤에
비록 똑같이 안전하겠지만,36 지금보다   130
조명이 좋아질 것이고, 작은 도시의
주요 길들도 아마 그럴 것입니다.
미래의 자손에게 그런 달콤함과
행복한 운명을 하늘이 약속하네요.

내가 글을 쓰는 동안 산파가 팔에 안는   135
야옹거리는37 아기들은 행복하구나!
그 아기들은 염원하던 날을 볼 것으로
예상되는데, 그때에는 오랜 연구를 통해
알려지고, 사랑하는 유모의 젖과 함께
모든 아기가 알게 될 겁니다,   140
얼마만큼의 소금, 얼마만큼의 육류,
몇 자루의 밀가루38를 고향 도시가
한 달 동안 집어삼키는지, 그리고
해마다 몇 명 태어나고 몇 명 죽었다고
늙은 본당 신부가 기록하는지.39   145

       했다가 1825년 재개되었으며 1842년에야 완공되었다.
36   역설적으로 비꼬는 표현이다.
37   태어나는 아기의 울음소리를 표현한 것인데, 지나치다는 비판을 받기도 하였다.
38   원문에는 moggia(단수는 moggio)로 되어 있는데, 고대부터 사용된 곡물 양의 측정 단위이다. 다만 그것이 가리키는 구체적 수치는 시대와 장소에 따라 달랐다.

또 그때에는 강력한 증기의 힘으로
순식간에 수천 부씩 찍어내는
신문들, 우주의 영혼이자 생명이며,
이 시대와 미래 시대에게 유일한
그 지식의 샘물이 들판과 언덕을 덮고,   150
갑자기 넓은 들판의 햇살을 가리면서
하늘을 나는 두루미40들의 무리처럼
바다의 방대한 부분까지 덮을 것이오.

마치 어린아이가 심혈을 기울여서
종잇조각들과 나무 조각들로   155
성당이나 탑이나 궁전 형태로
건물을 만들고, 완성된 것을 보자마자,
바로 그 종잇조각들과 나무 조각들이
새로운 작업에 필요하기 때문에
곧바로 무너뜨리는 것처럼,   160
자연은 아무리 정교한 기술처럼 보여도
자신의 모든 작품을 완성하자마자
곧바로 해체하고, 그 해체된 부분들을

---

39 당시에는 호적 기록 업무가 성당의 본당 신부에게 위임되어 있었다.
40 원문에는 gru로 되어 있는데, 두루미목(학명은 Gruiformes)에 속하고 목과 부리, 다리가 긴 새들을 포괄적으로 가리킨다.

다른 곳에다 배분하는 데 몰두하지요.
그 이유를 영원히 알 수 없는 사악한 놀이에서 165
자신과 타인을 지키려고 해 봐야 소용없어요.
인간 후손41은 능숙하게 무수한 방식으로
무수한 역량을 과시하려고 애쓰지만,
그 모든 노력을 비웃듯이
잔인한 자연, 굽힐 줄 모르는 어린아이는 170
자신의 변덕을 완수하고, 끊임없이
만들고 파괴하는 놀이를 한답니다.
그리하여 다채롭고 무한한 한 무리의
치유할 수 없는 악과 고통이
돌이킬 수 없이 죽기 위하여 태어난 175
연약한 인간을 짓누르고, 그리하여
태어나는 날부터 적대적이고 파괴하는 힘이
안팎으로 사방에서 집요하게 상처를 주고,
자신은 지치지 않은 채
지쳐 허덕이게 만들고, 결국 인간은 180
사악한 어머니에게 짓눌려 죽지요.
고귀한 정신42이여, 인간 삶의 최후의 비참함은
이런 것이니, 노년과 죽음은

---

41 원문에는 mortal seme, 즉 "필멸의 씨앗"으로 되어 있다.
42 지노 카포니 후작을 가리킨다.

생명을 넣어 주는 부드러운 가슴을
아기의 입술이 누를 때부터[43] 시작되고,　　　　　　　　185
내가 보기에, 그것은 행복한
열아홉째 시대[44]도 아홉째나
열째 시대 이상으로 개선할 수 없고,
미래 시대들도 개선하지 못할 것이오.
하지만 때로는 진실을 정확한 말로　　　　　　　　　190
표현하는 것[45]이 허용된다면,
간단히 말해 어떤 시대이든,
시민적 질서나 방식에서뿐만 아니라
본질적으로 치유할 수 없는
삶의 다른 모든 부분에서　　　　　　　　　　　　　195
하늘과 땅을 포함하는 보편적 법칙으로
태어난 사람은 모두 불행할 수밖에 없습니다.
하지만 우리 시대의 탁월한 정신들은
새롭고도 신성한 대책을 찾았는데,
지상에서는 어떤 누구도 행복하게　　　　　　　　　200
만들 수 없으므로 인간을 잊고

43　아기가 엄마의 젖을 빨 때부터.
44　19세기를 가리킨다. 19세기도 9세기나 10세기 때와 마찬가지로 인간의 상황을 개선할 수 없다는 뜻이다.
45　원문에는 nominar … con proprio nome, 즉 "고유한 이름으로 지명하는 것"으로 되어 있다.

공동의 행복을 찾는 데 몰두하였고

그것을 손쉽게 발견하였으니, 모두 슬프고

불행한 많은 사람을 즐겁고 행복한

백성으로 만드는 일인데,⁴⁶ 아직 팸플릿이나   205

신문, 잡지에서 선언되지 않은 그런

기적을 시민들 집단은 찬양한다오.

오, 지금 이 시대의 정신이여, 지혜여,

초인적인 예지여! 오, 지노여,

당신과 나의 시대는 가장 고귀하고   210

가장 신비로운 주제⁴⁷에서 어떤 확실한 철학,

어떤 지혜를 미래 시대에게 가르치는가!

얼마나 충실하게 어제 조롱하던 것⁴⁸을

오늘은 엎드려 공경하고,

내일은 무너뜨리고, 다음 날에는   215

돌아다니면서 파편들을 주워 모아

다시 분향의 연기 사이에⁴⁹ 놓을 것인가!

지금 이 세기의, 아니, 바로 올해의

일치된 느낌이 믿음을 고취한다는 것을

---

46 말하자면 불행한 개인들로 이루어진 다수 대중을 행복하게 만든다는 뜻이다.
47 정치학과 경제학을 가리키는데, 역시 비꼬는 표현이다.
48 종교적 믿음을 가리킨다. 종교는 18세기 계몽주의자들로부터 강한 비판을 받았다.
49 말하자면 제단에.

어떻게 평가할 것인가! 우리의 느낌을, 220
그 이듬해의 느낌과도 달라질 올해의 느낌과
비교하면서, 조금이라도 일치하는 것을
얼마나 세심하게 피해야 하는지!50
만약 고대가 근대와 대립한다면,
우리 시대는 철학을 하면서 225
얼마나 많이 앞으로 나아갔는지!

존경받는 지노여, 당신 동료 중 하나51로
시의 진정한 스승이며, 과거와
현재와 미래의 모든 학문과 예술과
인간의 능력과 정신의 대가이자 230
개혁자가, 나에게 말하기를,
바로 당신의 애정을 떠난다고 하네요.
엄격한 경제적 연구에 몰두하고
공적인 일들에 주목하는 이 활기찬 시대는
당신의 애정에 관심이 없어요. 235

---

50 원문에는 mai d'un punto / non sien diversi로 되어 있는데, 직역하자면 "조금이라도 다르지 않은 것" 정도이다. 언제나 새로운 것을 추구하면서 조금이라도 이전과 일치하는 것을 피하려고 한다는 뜻이다.

51 니콜로 톰마세오(Niccolò Tommaseo, 1802~1874)를 가리킨다. 그는 언어학자이자 작가로 카포니 후작과 함께 여러 가지 일을 추진하였으며, 가장 신랄한 레오파르디 비판자였는데 1834년 피렌체를 떠나 파리로 이주하였다.

자기 가슴을 탐색하는 것이

당신에게 무슨 소용이 있을까요?

노래의 소재를 안에서 찾지 말아요.

우리 시대의 요구와 희망을 노래해요.

기억할 만한 명언들! 거기에서 나는   240

내 세속적인52 귀에, 희망이라는 이름이

희극의 목소리처럼, 젖을 떼는 혀의

소리53처럼 울렸을 때 엄숙하게 웃었지요.

이제 나는 되돌아와 과거와 정반대의

길을 가겠소,54 만약 자기 시대에   245

칭찬과 명성을 찾으려면,

반박하거나 거부하지 말고 아첨하면서

충실하게 복종해야 한다는 것이

의심할 여지 없는 예들로 분명하니까요.

그래야 짧고 편안한 길로 별에 이르지요.55   250

그래서 별을 원하는 나는 이제

---

52   진보라는 종교에 입문하지 않았다는 뜻이다.
53   페트라르카의 《칸초니에레》 325번 칸초네의 87~88행 con voci anchor non preste / di lingua che dal latte si scompagne("방금 젖을 뗀 혀로 아직 더듬거리는 목소리로")를 패러디하고 있다.
54   그러니까 이전의 생각을 '철회'하겠다는 아이러니한 표현이다.
55   "거친 길로 별에〔이른다〕"(per aspera ad astra)라는 속담과 정반대로 말하고 있다.

시대의 필수품을 노래의 소재로 삼으려고
생각하지 않습니다, 필수품들은 벌써
시장과 공장이 계속 성장하며 방대하게
제공하니까요. 이제 나는 분명히   255
신들이 뚜렷한 담보56를 제공하는
희망에 대하여 말하겠어요. 젊은이들의
입술과, 뺨의 거대한 수염이 새로운 행복의
시작을 과시하고 있으니까요.

오, 만세, 건강의 상징이여, 떠오르는   260
유명한 시대의 최초 빛이여.
네 앞을 보아라, 하늘과 땅이
얼마나 즐겁고, 아가씨들의 눈길이
얼마나 빛나고, 수염 난 영웅들의 명성이
얼마나 잔치와 연회에서 날아다니는지.   265
오, 남성적인 근대의 후손이여, 성장하라,
조국을 위해 성장하라. 너희 수염의 그늘 아래
이탈리아가 성장하고, 타호강57 어귀에서
헬레스폰토스까지 유럽 전체가 성장하고,

56　뒤에서 말하듯이 젊은이들의 뺨에 자라는 "거대한 수염"을 가리킨다.
57　타호(Tajo, 포르투갈어로는 테주(Tejo))강은 이베리아반도에서 가장 긴 강으로 여기에서는 유럽의 서쪽 끝을 가리킨다.

세계가 안전하게 쉴 것이다.   270
그리고 황금의 날에 선택된 어린 후손이여,
너희는 웃음으로 수염투성이 부모에게
인사하기 시작하고, 사랑하는 얼굴들의
순수하고 검은 표정에 놀라지 말기를.
오, 부드러운 후손이여, 웃어라,   275
이 이야기의 결실은 너를 위한 것이니,
도시와 시골에, 똑같이 만족한
노년과 청년기에, 두 뼘이나 길게 물결치는
수염을 행복이 지배하는 모습을 볼 것이야.

33
*
달넘이[1]

밤에 외로이
봄바람이 일렁이는
은빛 들판과 호수 위로,
멀리 그림자들이
조용한 물결과 나뭇가지와   5
산울타리와 언덕과 농장 사이로
수많은 흐릿한 모습과

---

[1] 뒤이어 나오는 34번 시 〈금작화 또는 황무지의 꽃〉과 함께, 1836년 봄에 베수비오 화산의 기슭에 자리한 토레 델 그레코(Torre del Greco)의 별장에서 썼으며 사망하기 몇 시간 전에 최종적으로 마무리한 작품이다. 자유로운 칸초네 형식으로 되어 있다. 레오파르디가 사망한 뒤에, 말년의 절친한 친구였던 안토니오 라니에리(Antonio Ranieri, 1806~1888)가 편집하여 1845년 피렌체 레 모니에르(Le Monnier) 출판사에서 간행한 《노래들》에 처음 실렸다. 레오파르디는 1833년부터 나폴리에 머물렀는데, 1836년 콜레라가 퍼지면서 라니에리 남매와 함께 베수비오 화산 기슭의 별장으로 피신하였다가 1837년 초 나폴리로 돌아갔고 다시 별장으로 향하고자 준비하던 중에 갑자기 사망하였다.

속임수 환영2을 만드는 곳으로,

하늘의 경계선3에 이르러

아펜니노나 알프스 너머,　　　　　　　　　　　　　　10

티레니아해4의 무한한 가슴 속으로

달이 내려가면서, 세상은 창백해지고,

그림자가 사라지며, 어둠이

계곡과 산에 시커멓게 드리우고,

밤은 외롭게 남아 있는데,　　　　　　　　　　　　　　15

마차꾼이 자신의 길에서

슬픈 곡조로 노래하면서

조금 전까지 자신을 안내하던

지는 달빛의 마지막 여명에게 인사하듯이,

그렇게 젊음은 흩어지고　　　　　　　　　　　　　　20

그렇게 인간의 삶을 떠나는구나.

행복한 환상들의 모습과

그림자는 달아나고,

인간의 본성이 의지하는

먼 희망이 사라지는구나.　　　　　　　　　　　　　　25

2　원문에는 ingannevoli obbietti, 즉 "현혹하는 대상들"로 되어 있다.
3　지평선이나 수평선을 가리킨다.
4　티레니아(Tirrenia)해는 지중해 중부, 이탈리아반도 서쪽의 바다로 코르시카섬과 사르데냐섬을 둘러싸고 있다.

삶은 버림받고
어둡게 남아 있네.
당황한 여행자[5]는
삶을 바라보면서
아직 남아 있는 긴 노정의　　　　　　　　　　　30
목적지나 이유를 헛되이 찾고,
인간 세상은 자신에게 이질적이며,
자신이 정말로 이방인임을 깨닫지.

초라한 우리의 운명은
저 위에서[6] 너무 행복하고 즐겁게　　　　　　35
보였어, 만약 수많은 고통의 산물로
모든 행복이 주어지는 젊은 시절이
평생 지속된다면 말이야.
모든 동물에게 죽음을 선고하는 법령이
너무 부드럽게 보였는지,　　　　　　　　　　40
그들에게 끔찍한 죽음보다
훨씬 가혹한 삶의 절반[7]이
미리 주어졌지.

5　인간, 즉 지상에 내려온 삶의 여행자 또는 순례자를 뜻한다. 지는 달처럼 젊음이 사라져 버려 당황했다는 뜻이다.
6　하늘에서.
7　뒤이어 말하는 노년을 가리킨다. 노년이 죽음보다 더 가혹한 형벌이라는 것이다.

불멸의 지성들[8]에게 합당한

발명품으로, 모든 고통의　　　　　　　　　　　　　45

극단으로, 영원한 자들[9]은

노년을 발명하였으니, 노년에는

욕망은 그대로인데, 희망은 꺼지고,

즐거움의 원천은 메마르고,

고통은 커지고, 행복은 주어지지 않네.　　　　　　50

너희들, 언덕과 들판이여,

서쪽에서 밤의 베일을

은빛으로 물들이던 광채가 꺼졌어도,

너희는 오랫동안 외롭게

남아 있지 않을 거야, 맞은편에서　　　　　　　　55

곧바로 하늘이 새롭게 밝아지고

새벽이 떠오르는 것을 볼 테니까.

그리고 새벽에 뒤따라오는 태양은

강력한 불꽃으로

주위에서 눈부시게 빛나며　　　　　　　　　　　60

너희들과 함께 하늘의 벌판을

빛의 강으로 채우겠지.

8　불멸의 존재인 신들을 가리킨다.
9　여기에서도 신들을 가리킨다.

하지만 인간의 삶은, 아름다운

젊음이 사라진 뒤에는 새로운 빛이나

새로운 새벽으로 절대 밝아지지 않아.[10]   65

끝까지 홀로 남고,[11] 다른 시간을

어둡게 만드는 밤에 대한 봉인으로

신들은 무덤을 마련하였지.

---

10   원문에는 non si colora, 즉 "물들지 않아"로 되어 있다.
11   원문에는 vedova è, 즉 "과부이고"로 되어 있다.

34
*
금작화
또는 황무지의 꽃[1]

> 빛이 이 세상에 왔지만, 사람들은
> 빛보다 어둠을 더 사랑하였다.[2]
> – 〈요한복음서〉 3장 19절

여기 무서운 파괴자

베수비오 화산[3]의

황량한 기슭,

꽃이나 나무도 없는 곳에,

향기로운 금작화[4]여,   5

외로운 네 덤불을 주위로 펼치는구나,

---

1 앞의 33번 시 〈달넘이〉와 마찬가지로 1836년 봄에 별장에서 쓰였으며 1845년의 《노래들》에 함께 실렸다. 레오파르디의 강렬한 염원이 담겨 있으며, 그의 유언 시로 평가되기도 한다. 형식은 자유로운 칸초네로 11음절 시행과 7음절 시행으로 자유롭게 구성되어 있고, 길이가 서로 다른 7연으로 구분된다. 전체 317행으로 《노래들》에서 가장 긴 작품이며, 가장 많이 논의되는 작품으로 꼽힌다.

2 그리스어 원문은 Καὶ ἠγάπησαν οἱ ἄνθρωποι μᾶλλον τὸ σκότος ἢ τὸ φῶς이다.

3 베수비오 화산은 나폴리 동쪽에 있는 높이 1,281m의 활화산이다. 서기 79년의 폭발로 근처의 도시 폼페이(Pompeii), 헤르쿨라네움(Herculaneum, 이탈리아어 이름은 에르콜라노(Ercolano)), 스타비아이(Stabiae, 이탈리아어 이름은 스타비아(Stabia))가 파괴되거나 화산재에 파묻혔다. 근대에도 여러 차례 파괴적인 폭발이 있었고, 이 작품에 앞서 1820년에도 대규모 폭발이 있었다.

황량함을 즐기듯이. 나는 전에 보았어,

너의 꽃줄기들이

한때 잃어버린 제국과

사람들의 주인5이었던 도시6를 둘러싼   10

이 외로운 곳을 아름답게 장식하면서

진지하고 말 없는 얼굴로 지나가는 이에게

기억과 믿음을 주는 것 같았지.

지금 이 땅에서 너를 다시 보는구나, 슬프고

세상으로부터 버림받은 곳의 연인이여,   15

괴로운 운명들의 영원한 동반자여.

불모의 재들이 흩어지고,

지나가는 사람의 발밑에서 울리는

돌로 굳은 용암으로 뒤덮인

이 황량한 벌판,   20

뱀이 살며 햇살에 몸을 비트는 곳,

4 　원문에는 ginestra로 되어 있는데, 콩아과(亞科)의 게니스타족(Genisteae)에 속하는 다양한 갈잎떨기나무들을 포괄적으로 가리킨다. 우리나라의 자생식물인 참골담초(-骨擔草), 재배식물인 양골담초 등이 여기에 속한다. 따라서 "골담초"로 옮겨야 맞겠지만, 이 작품의 제목 가운데 "황무지의 꽃"이라는 표현이 말하듯이 꽃에 초점을 맞추고 있으므로 "금작화"(金雀花)로 옮겼다. 이탈리아반도에 여러 종이 자생하고 있으며, 우리나라의 싸리나무처럼 비를 만드는 재료로 많이 사용되었는지 영어로는 broom으로 옮긴다.

5 　원문에는 donna, 즉 "여자"로 되어 있는데, "여주인" 또는 "여성 지배자"를 뜻한다.

6 　베수비오 화산 아래의 나폴리를 가리킨다.

토끼가 굴속의 보금자리로

돌아오는 곳,

여기 화려한 저택과 경작지가 있었고,

황금빛 이삭들이 물결쳤고,   25

가축의 울음소리가 울려 퍼졌고,

정원들과 저택들,

힘 있는 자들의 한가함에 아늑한

주거지가 있었는데, 그 유명한 도시들[7]을,

오만한 산은 불타는 입에서 내뿜은   30

용암의 흐름으로 주민들과 함께

파괴하였지. 지금은 폐허가

온통 주위를 둘러싸고 있는데,

오, 고귀한 꽃이여, 너는 그곳에 앉아

사람들의 고통을 동정하듯이   35

달콤한 향기를 하늘로 풍기면서

황무지를 위로하는구나. 우리의 상태를

칭찬하고 찬양하는 사람[8]은

이 기슭으로 와서, 너그러운 자연이

우리 인간[9]을 얼마나 배려하는지 보시라.   40

---

7   서기 79년의 폭발로 파괴된 도시들을 가리킨다.
8   당시 인간의 진보를 믿고 찬양하던 낙관론자를 암시한다.
9   원문에는 il gener nostro, 즉 "우리 종(種)"으로 되어 있다.

그리고 잔인한 어머니[10]가

예상하지 못할 때

가벼운 움직임으로 한순간에

그 일부를 없애거나,

조금 강한 움직임으로 금세   45

완전히 없앨 수도 있는

그런 인류의 능력을 여기에서

정확하게 평가해 보시라.

이 기슭에 인류의

진보하는 위대한 운명[11]이   50

그려져 있구나.

오만하고 어리석은 시대여,[12]

이곳을 보고 너 자신을 거울에 비춰 보아라,

되살아난 사상[13]이 그때까지

---

10   원문에는 nutrice, 즉 "유모"로 되어 있는데, 지상의 모든 생명을 낳는 자연을 말한다.
11   원문은 le magnifiche sorti e progressive이며 이탤릭체로 강조되어 있다. 진보주의자들의 관념을 압축적으로 담고 있는 이 표현은 레오파르디의 사촌이자 낙관적인 작가였던 테렌치오 마미아니(Terenzio Mamiani, 1799~1885)의 저술 《신성한 찬가》(*Inni Sacri*)의 헌사에 나오는 구절이다.
12   당시 사람들과 사상, 문화를 향하여 말하고 있다.
13   르네상스의 사상을 가리킨다. 계몽주의가 이어받은 르네상스의 사상은 19세기 초까지 인간을 이끈 등불이 되었다.

네 앞에 가르쳐 준 길을   55
네가 버리고, 발걸음을 뒤로 돌린 채
뒷걸음질하는 것을 자랑하며
진보라고 부르는구나.
부당한 운명으로 너를 아버지로 둔
모든 재능[14]이 너의 유치한 짓에   60
아첨하는구나, 비록 때로는
너에 대한 경멸을
마음속에 갖고 있지만. 나는
그런 부끄러움 속에 죽지 않을 거야.[15]
오히려 너에 대한 경멸은   65
내 가슴속에 감추지 않고
가능한 한 널리 보여 줄 거야,
자기 시대를 너무나 미워하는 사람은
망각이 짓누른다는 것[16]을 알지만 말이야.
너와 내가 함께 가질 그런 망각[17]을   70
나는 아직 웃어넘기지.

---

14 당시의 위대한 인물들과 사상들을 가리킨다.
15 원문에는 non … scenderò sotterra, 즉 "땅속으로 내려가지 않을 거야"로 되어 있다.
16 동시대 사람들과 동조하지 못하는 사람은 쉽게 잊힌다는 뜻이다.
17 원문에는 mal, 즉 "악"으로 되어 있다. 레오파르디 자신이나 그 시대는 결국 망각에서 벗어날 수 없다는 뜻이다.

금작화 또는 황무지의 꽃　247

너는 자유를 꿈꾸면서, 부분적으로나마
우리를 야만 상태에서 벗어나게
해 주었지만, 동시에 유일하게
사람들의 운명을 더 낫게 인도하는   75
문명으로 성장하게 해 주는 사상을
또다시 노예로 만들려고 해.
그러니 자연이 우리에게 준
최악의 상태와 쓰라린 운명의 진실이
너는 싫었던 거야. 그래서 그것을   80
밝혀 준 등불을 향하여 비열하게
등을 돌렸고, 도망치면서
등불을 따르는 자를 겁쟁이라 부르고,
교활하거나 어리석게 자신과 다른 사람을 속이며
인간의 상태를 별처럼 높이 올리는 자를   85
유일하게 위대하다고 말하지.

병든 몸에 초라한 상태이지만
너그럽고 고귀한 영혼을 가진 사람은
자신을 존경하지도 않고, 자신이
부자이거나 강하다고 생각하지도 않고,   90
화려한 삶이나 건강한
신체를 가진 사람들 사이에서
우스꽝스럽게 자랑하지도 않으며,

힘이나 재물이 없는 자신을

부끄러움 없이 드러내 보이고   95

공개적으로 그렇게 말하며, 자기 상태를

있는 그대로 평가하지.

그래서 내가 위대한 사람이 아니라

멍청이라고 생각하는 자는,

죽기 위해 태어나 고통 속에 살아가면서,   100

나는 즐기기 위해 태어났다[18] 하고 말하며,

역겨운 자부심으로

종잇장들을 채우고, 지상뿐만 아니라

하늘도 전혀 모르는 탁월한 운명과

특별한 행복을 지상 사람들에게   105

약속하는데, 그들은 움직이는 바다의

파도에, 사악한 대기의

입김[19]에, 흔들리는 땅[20]에

파괴되고, 그들의 기억마저

살아남기 힘들어.   110

고귀한 성향은 인간의

보편적 운명을 향하여

18　직접화법으로 말하고 있다.
19　전염병을 암시한다.
20　원문에는 sotterraneo crollo, 즉 "지하의 붕괴"로 되어 있는데, 지진을 가리킨다.

과감하게 눈을 들어 올리며,

솔직한 언어로

진실에서 아무것도 감추지 않고,　　　　　　　　　　115

운명으로 주어진 우리 불행과

비천하고 연약한 상황을 고백하지.

그리고 고통 속에서도 위대하고

강한 자신을 보이고, 자신의 불행에다

어떤 다른 악보다 사악한　　　　　　　　　　　　120

형제간의 증오와 원한을

덧붙이지 않고, 자신의 고통을

사람의 잘못으로 돌리지 않고,

진정한 책임이 있는, 인간들을 낳은 어머니이면서

실제로는 계모[21]인 그녀[22]의 잘못으로 돌리지.　　125

그녀를 적이라 부르고, 그녀에게 대항해서,

사실이 그러하므로, 인간 사회가

단결해야 하고 처음부터

조직되어야 한다고 생각하고,

모두가 서로 결속된 인간으로 간주하며,　　　　　130

진정한 사랑으로 모든 사람을 껴안으면서

빈발하는 위험 속에서,

21　원문에는 di voler matrigna, 즉 "의지에서는 계모"로 되어 있다.
22　자연을 가리킨다.

공동 전쟁의 고통 속에서

합당하고 신속한 도움을 주고

또 기대하지. 그리고 어리석은 것은 135

인간을 공격하기 위하여 무장하고

이웃에게 함정과 방해물을 설치하는 것이니,

그것은 마치 적군에게 포위된 진영에서

공격을 감행해야 하는

가장 중요한 순간에 적을 잊은 채 140

동료들과 쓰라린 경쟁을 벌이고,

동료 전사들 사이에서

검을 휘두르며 달아나게 하는 것처럼

어리석은 짓이라고 생각해.

그런 생각들이 예전처럼 145

사람들에게 명백해질 때,

그리고 사악한 자연에 대항하여

맨 처음 인간들을

사회적 유대로 묶었던 그 두려움이

진실한 진리에 의하여 일부라도 150

회복될 때, 진지하고 올바른

시민적 공존과

정의와 연민이 오만한 환상 대신

다시 뿌리를 내릴 것이며,

거기에서 인간의 올바름은 155

실수가 아닌 다른 토대 위에 세워진 것처럼
굳건히 서 있을 것이야.

굳은 용암이 검게 뒤덮고
물결치는 것처럼 보이는
이 황량한 기슭에 160
밤이 되면 종종 앉아, 쓸쓸한 황무지 위로
드리운 깨끗하고 파란 하늘에서
높이 반짝이는 별들을 바라보면,
바다는 멀리에서 거울처럼
별들을 되비추고, 세상은 사방에서 165
청명한 광활함 속에 온통 반짝거리지.
내 눈은 바로 그 별빛들을 향하는데,
별들은 우리 눈에 하나의 점으로 보이지만,
실은 그들에 비하면 땅과 바다가
정말로 하나의 점일 정도로 170
거대하며, 거기에는
인간뿐만 아니라 인간이
아무것도 아닌 이 지구마저 전혀
알려지지 않았고, 훨씬 더 멀리 있는,
마치 별들의 매듭처럼 175
보이는 것을 바라보면, 우리에게
구름처럼 비치고, 거기에는

인간과 지구뿐 아니라 황금빛 태양과 함께

무한히 크고 무수히 많은 별,

우리의 별들 이 모두가 알려지지 않았거나,   180

그것들이 지구에 보이는 것처럼

한 점의 성운 빛으로 보일 것이니,

그렇다면, 오, 인간의 자손이여,

너는 내 생각에 어떻게

보이겠는가? 내가 밟는 땅이   185

흔적을 남기는 지상의 네 상태를

기억하고, 다른 한편으로

네가 모든 것의 주인이자 목적으로

주어졌다고 믿는다는 것을 기억하고,

지구라는 이름의 이 어두운 모래 알갱이에   190

너를 위하여 세상 만물의 창조주들이

내려와 자주 너의 이웃들과 즐겁게

이야기를 나누었다고 네가 얼마나 많이

상상하였는지 기억하고, 조롱당한 꿈들[23]을

되살리면서 네가 지식이나   195

풍습에서 모든 시대를 능가한다고

자부하는 이 시대까지 현명한 사람들을

모욕하는 것이 이어져 왔음을 기억하면,

---

23 이성의 시대에 조롱당했던 종교적 믿음들을 가리킨다.

오, 불행한 인간 후손이여, 너에 대한

어떤 감정이나 생각이 내 가슴을 공격하는지?　　　　　200

웃음[24]이 우세한지, 연민이 우세한지 모르겠다.

마치 늦은 가을에 익은

작은 사과가 다른 힘을 받지 않아도

저절로 나무에서 떨어지면서,

개미들의 무리가 부드러운 흙 속에　　　　　　　　　205

아주 힘들여 파 놓은

포근한 보금자리와 그 근면한 무리가

미리 대비하여 여름날에

오랫동안 힘들여 경쟁적으로

모아 놓은 식량과 노동을　　　　　　　　　　　　　210

순식간에 짓밟고 파괴하고

뒤덮는 것처럼, 그렇게 우르릉거리는

내부[25]에서 높은 하늘로

치솟았다가 떨어지는

재들과 화산암들과 돌멩이들의　　　　　　　　　　215

파괴와 어둠[26]이 끓어오르는

24　인간의 어리석음에 대한 웃음이다.
25　원문에는 utero, 즉 "자궁"으로 되어 있는데, 화산의 깊은 내부를 가리킨다.
26　원문에는 notte, 즉 "밤"으로 되어 있다.

용암 개울과 뒤섞여,

녹아내린 바위들과

금속들과 불타는 모래의

거대한 홍수처럼,   220

산허리를 따라

풀밭 사이로 광폭하게 내려오면서

저기 바다가 해변을 적시는

도시를 순식간에

뒤흔들고 파괴하고   225

뒤덮었으며, 그리하여 지금 염소가

풀을 뜯고 있는 곳 한쪽에는

새로운 도시들이 솟아나 파묻힌

도시들 위에 걸터앉아 있고, 무너진 성벽을

잔인한 산이 발로 짓밟는 것 같구나.   230

자연은 인류를

개미보다 더 배려하거나

보살피지 않아. 참극이 개미들보다

인간들에게 드물게 일어나는 것은,

단지 인간 씨족들의 숫자가   235

더 적기 때문이지.

사람들의 주거지가 불타는 폭력에

짓눌려 사라져 버린 지

무려 1,800년이 지났는데,
이 황무지에서   240
재로 변한 죽은 땅을 일구면서
포도밭에 전념하는 농부는
치명적인 산봉우리로
지금도 의심스러운 시선을
들어 올리고, 전혀 온순해지지 않은   245
산은 지금도 무섭게 우뚝 앉아
농부와 자식들과 초라한 재산을
위협하지. 그래서 종종
불쌍한 농부는 시골집의
지붕 위에서 흔들리는 대기 속에   250
밤새도록 자지 않고 누워 있다가
여러 번 벌떡 일어나
무서운 용암의 흐름을 살펴보는데,
지칠 줄 모르는 뱃속에서 용암은
황량한 사면으로 흘러내리고,   255
그 빛에 카프리의 해변과
나폴리 항구와 메르젤리나[27]가 반짝이지.
그러다 용암이 가까워지는 것을 보거나

---

27 카프리(Capri)는 폼페이 남서쪽의 섬이고, 메르젤리나(Mergellina)는 나폴리 시
내 남서쪽의 바닷가 구역이다.

집의 우물 속에서 물이 끓어오르면서
꾸르륵거리는 소리를 들으면, 황급히 260
자식들을 깨우고 아내를 깨워
챙길 수 있는 것들을 들고 달아나면서
바라보면, 멀리에서
오래된 자기 집과 유일하게
굶주림을 막아 주던 조그마한 밭이, 265
툭탁거리면서 다가와 무자비하게
그 위로 오랫동안 퍼지며
불타는 용암의 먹이가 되는구나.
오랜 망각 뒤에 사라진
폼페이가 파묻힌 270
해골처럼 다시 햇살로
돌아왔으니,[28] 탐욕[29]이나 연민이
땅속에서 밖으로 모습을 드러냈어.
황량한 광장에서는
뭉툭하게 잘린 기둥들의 275
행렬 사이에 멈춰 선 여행자가
멀리 둘로 나뉜 산꼭대기와
흩어진 폐허를 아직도 위협하는

---

[28] 화산재에 파묻혀 있던 폼페이의 발굴이 18세기 중엽에 시작되었다.
[29] 땅속에 파묻힌 보물을 찾으려는 욕망을 가리킨다.

연기를 바라보지.
그리고 비밀스러운 밤의 공포 속에   280
공허한 극장,30
파괴된 신전, 박쥐들이
둥지를 감춘 무너진 집들 사이로,
음울한 횃불이 텅 빈 저택들 사이로
연기를 내면서 맴도는 것처럼,   285
불타는 죽음의 용암이 흘러가고
멀리 그림자들 속에 빛나면서
주위를 온통 불그스레하게 물들이지.
그렇게 오래되었다고 하는 시대와
사람들, 조상들과 후손들의   290
이어짐에는 전혀 관심도 없이
자연은 언제나 푸르고, 게다가
멈춰 있는 것처럼 기나긴
길로 나아가지. 그동안 왕국들이 무너지고
사람들과 언어들이 죽어도 자연은 보지 않고,   295
인간은 오만하게 영원함을 자랑하는구나.

그리고 너, 연약한 금작화여,
이 황량한 벌판을

---

30 로마 시대에 각종 공연이나 경기를 벌이던 원형 극장이다.

향기로운 덤불로 장식하고 있는데,
너도 곧 땅속 불의 300
잔인한 폭력에 굴복할 것이니,
그 폭력은 이미 알려진 곳으로
돌아와 부드러운 네 덤불 위로
탐욕스러운 자락을 펼칠 것이야.
그리고 너는 죽음의 무게 아래 305
저항하지 않고 순진한 머리를 숙이겠지.
하지만 지금까지는 헛되이
미래의 억압자에게 비열하게
숙이지도 않았고, 어리석은 오만함으로
별들을 향해서나, 너의 의지가 아니라 310
운명에 의해 너의 집이자 고향이 된
황무지를 향하여 머리를
처들지도 않았으며,
인간보다 현명하고
인간보다 덜 약한 너는, 315
운명이나 네가 너의 연약한 혈통을
불멸로 만들었다고 믿지 않았을 거야.

35
*
모 방[1]

자기 가지에서 멀리,
연약하고 불쌍한 나뭇잎이여,
어디로 가느냐? — 내가 태어난
참나무에서, 바람이 나를 떼어 냈어.
바람은 소용돌이치면서 나를   5
숲에서 들판으로,
계곡에서 산으로 데려가지.
바람과 함께 영원히 나는

---

[1] 1828년경에 쓴 것으로 짐작되는 이 작품은 프랑스 정치가이자 시인, 극작가인 아르노(Antoine-Vincent Arnault, 1766~1834)의 시 〈나뭇잎〉(*La feuille*)을 자유롭게 번역한 것으로, 나폴리 판《노래들》에 실렸다. 아르노는 1815년과 1816년 사이의 겨울에 〈나뭇잎〉을 썼는데, 당시 친구였던 나폴레옹이 몰락하면서 그도 망명을 떠나지 않을 수 없었고, 따라서 자서전적 내용이 담겨 있다. 레오파르디는 이 작품을 통해 이탈리아어가 프랑스어에 비해 시적 역량이 더 뛰어나다는 것을 보여 주려고 하였다. 프랑스어는 삭막하고 합리적인데, 이탈리아어는 시적 감수성이 더 풍부하다는 것이다. 15행으로 된 아르노의 시 원문은 다음과 같다.

다른 모든 것을 모른 채 떠돌고,

다른 모든 것이 가는 곳으로,   10

자연의 법칙에 따라

장미 잎사귀도 가고

월계수 잎사귀도 가는 곳으로 가지.

De ta tige détachée, / Pauvre feuille desséchée,
Où vas-tu ? - Je n'en sais rien. / L'orage a brisé le chêne
Qui seul était mon soutien. / De son inconstante haleine
Le zéphyr ou l'aquilon / Depuis ce jour me promène
De la forêt à la plaine, / De la montagne au vallon.
Je vais où le vent me mène, / Sans me plaindre ou m'effrayer:
Je vais où va toute chose, / Où va la feuille de rose
Et la feuille de laurier.

36
*
농담[1]

어린이였던[2] 내가 무사 여신들[3]과 함께

공부하러 갔을 때

여신 중 한 명이 내 손을 잡았고,

그날 온종일

나를 안내하며 5

작업실을 보여 주었어.

기술의 도구들을

---

1 레오파르디의 자필 메모에 의하면 1828년 2월 15일 피사에서 쓴 작품으로, 나폴리 판《노래들》에 실렸다. 당시의 시 작품들에 고유한 문체가 없음을 해학적으로 풍자하는 시이다.
2 레오파르디는 열 살이던 1809년부터 호라티우스의 작품을 번역하면서 시를 쓰기 시작하였다.
3 그리스 신화에서 제우스와 기억의 여신 므네모시네 사이의 아흐레 밤에 걸친 사랑에서 태어난 아홉 쌍둥이 자매를 가리킨다(단수는 무사(Μοῦσα)이고 복수는 무사이(Μοῦσαι)). 시와 음악을 비롯한 각종 예술과 함께 역사, 천문학 등 학문을 수호하는 여신들이다.

하나씩 하나씩 보여 주었고,

다양한 용도들,

산문과 운문의 작업에서 10

각 도구가 어디에

사용되는지 보여 주었어.

나는 바라보고 물었지.

여신이여, 줄칼4은 어디 있나요? 여신은 말했어.

줄칼은 다 닳았어. 이제는 줄칼 없이 하자. 15

그래서 나는 덧붙였어. 하지만 닳았을 때

다시 만들어야 하지 않아요. 여신이 대답했어.

다시 만들어야 하는데 시간이 없어.

---

4 작품을 갈고 다듬는 작업을 가리키는데, 이제는 문학의 작업실에 그런 작업이 없다는 뜻이다.

── 단편들 ──

* 나폴리 판 《노래들》에는 "단편들"(*Frammenti*)이라는 제목의 파트에 모두 다섯 편의 작품이 실렸는데, 당시의 순서에 의하면 35번 시부터 39번 시이다. 1845년 라니에리가 편집한 《노래들》에는 그 앞에 〈달넘이〉와 〈금작화 또는 황무지의 꽃〉 두 편이 추가되었기 때문에 37번 시부터 41번 시로 되어 있다. 다섯 편 중에서 앞의 세 편에는 제목이 따로 없어 관례대로 첫 행에서 제목을 따왔다.

37
*
"들어 봐, 멜리소"[1]

알체타[2]

들어 봐, 멜리소, 어젯밤의 꿈 이야기를
들려주고 싶어. 달을 다시 보니까
기억이 나네. 나는 풀밭 쪽으로 난
창문가에 서서 하늘을 보고 있었지.
그런데 갑자기 달이 떨어져 나오더니,　　　　　　　　　　5
땅으로 떨어지면서 가까워질수록

---

[1] 1819년 레카나티에서 쓴 이 단편은 《새로운 수집가》에 〈밤의 놀라움: 전원시 V〉라는 제목으로 발표되었고, 이어서 볼로냐 판 《베르시》에 실렸으며, 《노래들》 초판에는 실리지 않았다가 나폴리 판 《노래들》의 "단편들" 파트에 제목 없는 35번 시로 다시 실렸다. 이 작품은 시가와 연극의 한 전통을 따라, 고대 그리스 아르카디아를 배경으로 한 평화로운 전원생활과 목동들의 이야기를 소재로 삼았다. 대중에게 친숙한 구어체 표현으로 소박한 감동을 준다.
[2] 알체타(Alceta)와 멜리소(Melisso) 두 목동 사이의 대화가 이어지는데, 이들은 시인이자 극작가였던 구이두발도 보나렐리(Guidubaldo Bonarelli, 1563~1608) 백작의 목가극 〈쉬로의 아들들〉(*Filli di Sciro*)에 나오는 등장인물이다.

점점 더 커지는 것처럼 보였어.
그러더니 마침내 풀밭 한가운데에 떨어져
부딪치더라. 양동이[3]만큼 컸고,
불꽃들을 안개처럼 토해 냈는데,　　　　　　　　　　　　10
마치 활활 타는 석탄을 물속에
집어넣어 꺼뜨릴 때처럼
시끄러운 소리를 냈어. 바로 그렇게,
내가 말했잖아, 달이 풀밭 가운데에서
서서히 꺼지면서 새카매졌고,　　　　　　　　　　　　15
주위의 풀들이 온통 연기를 내뿜었어.
그래서 하늘을 보았더니,
달이 떨어져 나온 곳에 희미한 자국,
아니, 벽감(壁龕) 같은 것이 보였어. 그래서
나는 얼어붙었고, 지금도 진정되지 않아.　　　　　　20

멜리소
정말 두려워할 만하구나, 달이
네 들판에 그렇게 쉽게[4] 떨어지다니.

---

[3] 목동들에게 친숙한 물품으로, 양이나 소의 젖을 짜는 데 사용되는 양동이이다.
[4] 반어적 표현이다.

알체타

누가 알아? 여름에 별들이 떨어지는
광경을 자주 보지 않아?

멜리소

별들은 많으니까, 25
그중에 한둘이 떨어져도 큰일은 아니지.
무수한 별들이 남아 있는걸. 하지만 달은
하늘에 하나뿐이고, 꿈[5]이 아니라면
아무도 떨어지는 것을 본 적이 없어.

---

5 이탈리아어 원문에서는 첫 행도, 마지막 행도 "꿈"으로 끝난다.

38
*
"나는 여기 문지방 주위에서 방황하며"[1]

나는 여기 문지방 주위에서 방황하며
그녀를 우리 집에 붙잡아 두도록
헛되이 비와 폭풍을 기원하네.   3

하늘에서 새벽이 깨어나기 전에
바람은 숲속에서 우르릉거리고,
떠도는 천둥은 구름 속에서 우르릉거리네.   6

오, 사랑하는 구름이여, 하늘이여, 땅이여, 나무여,
내 여인이 떠나네. 불행한 연인[2]이 세상에서

1　1818년 레카나티에서 쓴 이 단편은 1826년 볼로냐 판 《노래들》에 〈엘레지 II〉라는 제목으로 실렸고(〈엘레지 I〉은 앞에 실린 10번 시 〈첫사랑〉이었다), 1835년 나폴리 판에는 제목 없이 "단편들" 파트에 36번 시로 실렸다. 이 작품 역시 〈첫사랑〉과 마찬가지로 아버지의 사촌 제르트루데 카시에 대한 돌발적인 사랑을 노래하고 있으며, 운문 형식도 똑같은 3행연구로 되어 있다.

연민을 찾을 수 있다면 불쌍히 여겨다오.　　　　　　9

오, 회오리바람이여, 오, 구름이여,
이제 일어나, 태양이 다른 땅들에
새날을 줄 때까지³ 나를 빠뜨려 다오.　　　　　　12

하지만 하늘이 열리고,⁴ 바람은 멈추고,
사방에서 풀과 잎들이 쉬고, 잔인한
태양은 눈물 젖은 내 눈을 부시게 하네.　　　　　15

2　레오파르디 자신을 가리킨다.
3　밤새도록.
4　하늘에서 구름이 걷힌다는 뜻이다.

39
*
"서쪽에 낮의 빛살은 꺼지고"[1]

서쪽에 낮의 빛살은 꺼지고,

집들의 연기도 잠잠하고

개들과 사람들의 소리도 잠잠할 때,   3

그녀[2]는 사랑의 목적지를 향하여

어느 황무지 한가운데에 있었고,

다른 누구보다 사랑스럽고 즐거웠지.   6

태양의 누이[3]는 밝은 빛을 사방에 뿌렸고,

---

1   《죽음의 임박》(165쪽의 각주 14 참조) 중 제1곡, 즉 첫 번째 노래였으며 나폴리 판 《노래들》의 "단편들" 파트에 제목 없는 37번 시로 실렸다.
2   사랑의 만남 장소("사랑의 목적지")를 향해 가는 상징적인 젊은 여인으로, 이름은 나오지 않는다.
3   달을 가리킨다. 로마 신화에서 유피테르의 사랑을 받은 라토나는 쌍둥이 남매 아폴로와 디아나, 즉 태양의 신과 달의 여신을 낳았다.

화환처럼 주위를 둘러싸고 있는

나무들4을 은빛으로 물들게 하였지. 9

나뭇가지들은 바람에 노래하고 있었고,

나무들 사이에서 언제나 우는

나이팅게일5과 함께 개울이 달콤하게 탄식하였어. 12

멀리 바다는 투명하였고, 들판과 숲,

그리고 산의 꼭대기들이

하나하나 모두 모습을 드러냈고, 15

조용한 그림자 속에 어두운 계곡이 누워 있고,

이슬 맺힌 달은 창백한 빛으로

주변의 언덕들을 감싸고 있었어. 18

어인은 혼자 적막한 길을 갔고,

향기를 퍼뜨리는 바람이

4　원문에는 gli arbori ch'a quel loco eran ghirlanda로 되어 있는데, 단테의《신곡》중 〈지옥〉 제14곡 10행 la dolorosa selva l'è ghirlanda("고통의 숲이 화환처럼 주위를 둘러싸고 있는")를 인용하고 있다.

5　원문에는 l'usignol che sempre piagne로 되어 있는데, 페트라르카의《칸초니에레》에 실린 311번 소네트의 첫 행 Quel rosignuol che sì soave piagne("그렇게 부드럽게 슬퍼하는 나이팅게일")를 인용하고 있다.

부드럽게 얼굴에 스치는 것을 느꼈어. 21

그녀가 행복했는지 물을 필요도 없지.
그런 모습들에 즐거웠고, 가슴이
그녀에게 약속하는 행복은 더 컸어. 24

오, 밝고 멋진 시간이여, 얼마나 빨리 달아나는지!6
하늘 아래 즐거운 것은 지속되지 않고7
희망 외에는 절대 멈추지도 않아. 27

그런데 밤이 흐려지고, 그렇게 아름답던
하늘의 모습이 어두워졌으며,
그녀의 즐거움은 두려움이 되었네. 30

폭풍우의 아버지인 검은 먹구름이
산 너머에서 솟아올랐고, 점점 커지면서
달도 별도 더 이상 보이지 않았어. 33

구름은 온 사방으로 퍼져 나갔고,

---

6   갑작스러운 반전을 암시하는 구절이다.
7   원문에는 dilettevol quaggiù null'altro dura로 되어 있는데, 페트라르카의 《칸초니에레》에 실린 311번 소네트의 14행 구절(222쪽의 각주 6 참조)을 모방한 것이다.

서서히 허공으로 올라갔으며
머리 위에서 대기를 감싸안았지.⁸   36

약한 빛이 점점 더 희미해졌고
그동안 숲속에서는, 즐거움의 장소였던
숲속에서는 바람이 불기 시작하였어.   39

바람은 순식간에 더욱 강렬해졌고,
억지로 깨어난 새들이 모두
놀라 나뭇잎들 사이로 날아다녔지.   42

구름은 점점 커지면서 바다를 향하여
내려갔고, 그리하여 한쪽 끝은 산에,
다른 한쪽 끝은 바다에 닿았지.   45

이제 모든 것이 새카만 어둠에 잠겼고,
떨리는 빗방울 소리가 들리기 시작하였고,
구름이 다가오면서 그 소리는 더 커졌어.   48

구름 속에서는 무서운 모습으로
번개가 번쩍였으니, 그녀는 눈을 깜박였고,

---

8   원문에는 far … a quella ammanto, 즉 "대기에게 망토가 되었다"로 되어 있다.

"서쪽에 낮의 빛살은 꺼지고"   275

대지는 음울해지고, 대기는 붉게 변하였지. 51

불쌍한 여인은 무릎이 풀리는 걸 느꼈고,
위에서 아래로 곤두박질하는 개울9의
굉음과 비슷하게 천둥이 울려 퍼졌어. 54

이따금 그녀는 멈추었고, 당황하여
어두운 대기를 보았고, 다시 달렸으니
옷자락과 머리칼이 뒤로 흩날렸지. 57

강렬한 바람은 가슴에 부딪쳤고,
검은 대기 속에 내리는 차가운 빗방울들을
그녀의 얼굴 쪽으로 불어 보냈어. 60

천둥은 야수처럼 그녀를 향하여 왔고
쉬지 않고 무섭게 으르렁거렸으며,
비와 바람은 더욱더 심해졌어. 63

그리고 주위는 온통 두렵게도
먼지와 잎사귀, 나뭇가지, 돌이 날렸고,
그 소리는 감히 상상할 수 없을 정도였지. 66

---

9 폭포를 가리킨다.

여인은 번개 때문에 지치고 피곤해진
눈을 가렸고, 옷을 가슴에 움켜잡은 채
비바람[10] 사이로 발걸음을 서둘러 옮겼어.   69

하지만 눈앞에서는 아직도 번개가
불타고 있었고, 그래서 놀라움에
걸음을 멈추었고, 용기는 사라졌어.   72

그녀는 뒤돌아보았지. 바로 그 순간
번개는 꺼졌고, 대기는 다시 어두워졌고,
천둥은 조용해졌고, 바람도 멈추었어.   75

모든 것이 조용하였고, 그녀는 돌이 되었지.[11]

---

10 원문에는 nembo, 즉 "구름"으로 되어 있다.
11 두려움에 돌처럼 굳어 버렸다는 뜻이다. 일부에서는 여인이 죽었다는 의미로 해
    석하기도 하지만 지나친 비약으로 보인다.

40
*
시모니데스의 그리스어에서[1]

세속의 모든 사건은,

오, 아들이여,[2] 자기 마음대로

모든 것을 처리하는

유피테르의 권력에 달려 있어.

하지만 먼 미래[3]에 대한   5

우리의 눈먼 생각은 걱정하고 고민하지,

인간의 상태는

---

1   1823년에서 1824년 사이에 레카나티에서 쓰인 작품으로, 나폴리 판 《노래들》의 "단편들" 파트에 38번 시로 실렸다. 제목은 시모니데스의 그리스어 텍스트를 번역하였다는 뜻으로, 기원전 7세기 그리스 시인 사모스(Σάμος)의 시모니데스 또는 아모르고스(Αμοργός)의 시모니데스가 쓴 단편을 자유롭게 번역한 것이다. 하지만 레오파르디는 1번 시 〈이탈리아에게〉 79행에서 언급한 케오스의 시모니데스로 혼동하였다고 한다.
2   대화 상대 또는 독자를 친근하게 부르는 표현으로 짐작된다.
3   원문에는 lunga stagione, 즉 "긴 시절"로 되어 있는데, 사람들은 삶이 오래 지속된다고 생각하기 때문에 그렇게 표현하였다.

하늘이 우리의 운명으로 정한 대로

나날이 지속4되는데도 말이야.

멋진 희망은 행복한 모습으로   10

우리 모두를 부양하고,

그래서 모두 헛되이 노력하지.

누구는 호의적인 하루5를 기다리고,

누구는 미래를 기다리고,

지상에 사는 사람은 누구나   15

플루토6와 다른 신들이 내년에는

더 자비롭고 너그러울 것이라고

마음속으로 기대하지.

그런데 희망이 항구에 닿기도 전에

누구는 노년에게 따라잡히고,   20

누구는 병으로 어두운 레테강에 안내되고,

누구는 잔인한 마르스가, 누구는

바다의 파도가 납치하고,7 또 누구는

검은 근심들에 소진되거나, 목에다

슬픈 매듭을 두르고 땅속으로 달아나지.   25

그렇게 잔인하고 무서운 무리8가

---

4   위에서 말한 걱정과 고민을 조롱하는 표현이다.
5   원문에는 l'aurora amica, 즉 "우정 어린 새벽"으로 되어 있다.
6   그리스 신화에서는 저승의 신 플루톤, 즉 하데스이다(90쪽의 각주 13 참조).
7   전쟁에서 죽거나, 바다에 빠져 죽는다는 뜻이다.

수많은 악으로

불쌍한 사람들을 괴롭히고 파괴하지.

하지만 분명히 말하건대, 현명하고

공통된 오류에서 벗어난 사람은 30

자신의 고통과 악을

좋아하지도 않고,

견디지도 않을 것이야.

---

8 위에서 열거한 노년이나 각종 고통과 죽음의 원인을 총체적으로 가리킨다.

41
*
똑같은 작가의[1]

인간사는 짧은 시간 지속된다고

키오스의 노인[2]은

아주 확실하게 말하였으니,

나뭇잎과 인간의 씨앗은

본질에서 똑같지.[3]   5

하지만 이 말을 가슴에

새기는 사람은 드물어.

젊은 가슴에서 나온[4] 불안한 희망을

---

1 앞의 40번 시와 마찬가지로 1823년에서 1824년 사이에 레카나티에서 쓰인 작품으로, 나폴리 판 《노래들》의 "단편들" 파트에 39번 시로 실렸다. 제목은 앞의 시에서와 같은 작가의 작품을 번역하였다는 뜻이다.

2 호메로스를 가리킨다. 키오스(Χίος)는 에게해의 섬으로 호메로스가 태어난 곳이라고 주장되는 장소 중 하나이다.

3 원문에는 conforme ebber natura, 즉 "똑같은 본질을 갖고 있다"로 되어 있다.

4 원문에는 figlia di giovin core, 즉 "젊은 가슴의 딸"로 되어 있는데, 젊은이들의 가슴에 피어나는 사랑을 암시한다.

우리 모두가 받아들이지.
우리 젊은 나이의 꽃이 10
아직 붉게 피어 있는 동안
공허하고 오만한 영혼은
수많은 달콤한 생각을 헛되이 품고,
죽음이나 노년을 예상하지 못하고,
건강하고 튼튼한 사람은 병을 걱정하지 않아. 15
하지만 젊음의 날개는 얼마나 빠른지,
요람에서 죽음[5]은
얼마나 가까운지
어리석은 사람은 몰라.
당신은 플루토의 집[6]으로 가는 20
치명적인 입구에
곧 발을 내디딜 텐데,
현재의 즐거움에
짧은 삶을 맡기지.

---

5   원문에는 il rogo로 되어 있는데, 고대에 시신을 화장하던 장작더미를 가리킨다.
6   저승을 가리킨다.

옮긴이 해제

레오파르디의 생애

자코모 레오파르디(Giacomo Leopardi, 1798~1837) 백작은 이탈리아 중동부의 마르케 지방에 위치한 소도시, 레카나티에서 10남매 가운데 장남으로 태어났다. 그러나 아버지 모날도(Monaldo) 백작은 가정을 돌보기보다 현학적 학문을 연구하는 데 몰두하면서, 위험한 투자를 시도하여 경제적 위기에 부딪히기도 했다. 한편 어머니 아델라이데(Adelaide Antici)는 신심이 깊고 사회적 관습에 충실하였으며, 특히 남편의 무관심 속에 기울어져 가는 집안을 현명하게 관리한 역동적인 사람이었다. 그러나 자녀들에게 부드럽고 따뜻한 모성애를 보여 주지는 않았다. 이러한 집안 분위기는 어린 레오파르디에게 내면적 결핍을 비롯한 많은 영향을 남겼다.

그는 초기에 가문의 전통대로 두 명의 성직자 가정교사에 의해 교육받았고, 라틴어와 신학, 철학뿐만 아니라 자연과학에 대해서도 깊이 있게 공부하였다. 부모, 특히 어머니의 따스한 사랑과 보살핌을 받지 못하고 외로움에 빠진 채로, 1809년부터 1816년까지 7년 동안 '절망적이고 미친 듯한 공부'에 몰두하였다고 레오파르디 스스로 술회(述懷)하기도 했다.

그 도중인 1812년에는 가정교사가 가르침을 중단하였는데, 레오파르디가 자신보다 더 학식이 뛰어나서 가르치는 것이 무의미하다고 판단하였기 때문이다. 레오파르디가 14살이었을 때의 일이다. 그리하여 그는 독학으로 고전 그리스어와 히브리어, 근대 유럽의 언어들을 습득하였고, 고전 작품의 세계에 빠져들면서 이를 번역하고 해설하는 등 다양한 학문 분야에서 교양을 넓히고 심화시켰다. 그런 과정에서 2만 권이 넘는 엄청난 양의 책으로 가득 찬 아버지의 도서관은 어린 레오파르디의 유일한 피난처였다.

그러나 1815년에서 1816년 사이 레오파르디는 신체적으로나 정신적으로나 커다란 위기에 부딪혔다. 무엇보다 심각한 것은 척추가 휘어지고 등이 굽은 것이었다. 당시에는 정확한 원인을 알아낼 수 없어 단지 척추측만증으로 추정되었을 뿐인데, 나중에 일부 학자는 결핵으로 인한 척추염 때문이라고 진단하였다. 지나친 공부가 주요 원인 중 하나로 지적되기도 했다. 그러니까 아버지의 도서관에서 혼자 틀어박혀 불편한 자세로 꼼짝하지 않고 오랜 시간을 보내는 동안 척추가 비틀어져 버렸으리라는 것이다. 이로 인해 그의 심장과 혈액 순환, 호흡기에도 문제가 뒤따랐고, 팔과 다리 그리고 시력에도 신경증적 이상이 발생했다.

끔찍한 고통에 시달리던 그는 급기야 자신이 곧 죽게 되리라는 확신에 이르렀고, 이에 자살을 시도하기도 하였다. 결국 레오파르디는 성장기의 신체 변형과 질병으로 평생을 끊임없는 고통과 함께 살아야 했다.

여기에 지속되는 고립감, 근원적 비관 의식까지 겹치면서 정서적으로 예민하고 불안정한 성격이 형성되었다. 이러한 심신 양면에서의 고통의 삶은 그의 작품 전반에 투영되어 나타난다.

그리고 그런 심각한 위기의 파급효과로 공부의 방향도 전환된다. 이전까지 고전 문헌을 비롯하여 근대 학자들의 글을 다방면으로 읽고 번역하고 연구하던 레오파르디는 1816년경 이른바 '문학적 전향'을 하게 되었다. 말하자면 뚜렷한 방향성을 가지고 시와 문학 공부에 전념하게 된 것이다. 이렇듯 고전 문학에 몰입하면서 그는 방대한 인문학적 역량을 토대로 문학과 철학적 성찰의 융합을 시도하였다. 더불어, 아버지와 가정의 분위기에서 물려받은 구시대적이고 반동적인 사상을 버린 뒤로 자유주의와 애국심의 이상에 이끌리기도 하였다. 또한 종교적 믿음이 사그라들면서 그의 영혼을 사로잡게 될 염세적 인생관의 싹이 움트기 시작하였다.

1817년 그는 탁월한 고전 연구자이자 작가였던 피에트로 조르다니(Pietro Giordani, 1774~1848)에게 편지를 보내게 되는데, 조르다니는 레오파르디가 번역한 베르길리우스의 《아이네이스》 제2권을 읽어 본 뒤 그의 뛰어난 역량을 알아보고 격려해 주었다. 이후 두 사람은 자주 서신을 교환하며 오랫동안 친밀한 관계를 유지하였다.

한편 레오파르디는 봉건적인 권위가 지배하던 낙후된 고향 레카나티의 테두리를 벗어나고자 노력하였다. 유럽의 급격한 시대 변화에서 동떨어진 데다 전통적 인습에 사로잡혀 있던 고향은 그에게 마치 감옥처럼 답답해 보일 뿐이었다. 마침내 1822년 가을 레오파르디는 아버지의 허락을 얻어 로마에 사는 외삼촌의 집에 머무르게 되었다. 하지만 로마는 상상하던 이상적 도시가 아니라 창녀들이 우글거리는 천박하고 황량한 도시로 전락해 있었다. 결국 그는 환멸과 함께 이듬해 4월 레카나티로 돌아왔다.

고향에서 공부와 창작 활동에 몰두하던 레오파르디는 1825년 밀라노로 떠난다. 밀라노의 출판사에서 키케로의 전집을 비롯하여 고대 로마와 이탈리아 작품들을 출판하기 위한 편집을 맡아 달라고 초빙하였기 때문이다. 그러나 밀라노의 기후가 건강에 맞지 않았던 탓에 이번에는 볼로냐로 이동해서 1827년 6월까지 잠시 머무른다. 그리고 이어서 피렌체를 거쳐 온화한 기후의 피사로 갔다가 1828년 여름 다시 피렌체로 돌아온다. 하지만 곧 건강이 나빠지면서 고향 레카나티를 찾아 1830년까지 머무르게 된다.

1830년 4월 레오파르디는 피렌체에 돌아갔고, 각종 모임에 참석하거나 살롱을 출입하며 여러 분야의 지식인들과 교류하였다. 그 과정에서 나폴리 출신의 젊은 망명객, 안토니오 라니에리(Antonio Ranieri)를 만나 각별한 우정을 맺게 되었다. 두 사람의 우정은 죽을 때까지 지속되었는데, 나중에는 동성애로 의심받기도 했을 만큼 가까운 관계였다. 라니에리가 나폴리로 돌아간 뒤에도 두 사람은 수많은 편지를 주고받았고, 결국 1833년 레오파르디는 라니에리를 따라 나폴리로 향했다. 그러한 결정에는 남부 나폴리의 온화한 기후가 건강에 도움이 될 것이라는 희망도 담겨 있었다.

나폴리에서 레오파르디는 라니에리와 그의 누이 파올리나의 애정 어린 보살핌 속에 비교적 평온한 삶을 누리게 된다. 그러나 이조차 오래가지 않았다. 1836년 나폴리에 콜레라가 퍼지면서 그는 라니에리 남매와 함께 베수비오 화산 기슭의 토레 델 그레코(Torre del Greco)에 있는 별장으로 피신하였고, 그해 여름부터 1837년 2월까지 머물렀다. 거기에서 마지막 작품으로 〈달넘이〉와 〈금작화 또는 황무지의 꽃〉을 완성하였다. 나폴리로 돌아온 뒤 5월부터 건강이 나빠졌으나 그는 별로 신경 쓰지 않았다. 그저 콜레라가 계속 퍼지는 가운데 이미 계획했던 대로 토레 델 그레코의 별장으로 다시 떠나기 위해 준비를 계속하였을 뿐이다. 그러나 출발 직전인 6월 14일 저녁 갑자기 상태가 심각하게 나빠졌고, 의사의 응급조치에도 불구하고 레오파르디는 삼십대 후반의 나이에 이 세상을 떠났다.

구체적 사인은 분명하게 밝혀지지 않았다. 공식 사망 진단서에는 척추의 변형에 따른 호흡기 문제 때문에 발생한 폐부종(肺浮腫)이 원인이라고 적혀 있다. 그러나 20세기 초부터, 그의 갑작스러운 죽음은 급성 심낭염에 따른 심부전 혹은 심장과 폐의 기능부전 때문이라는 주장이 제기되었다. 심지어는 콜레라 때문이었다는 주장까지도 나왔다. 정확한 원인은 알 수 없으나 척추 기형과 여러 부수적인 건강 문제들이 오랜 고통과 죽음의 뿌리였음은 분명해 보인다.

그의 유해는 콜레라 확산으로 인한 엄격한 규정에 따라 공동의 구덩이에 파묻힐 뻔했으나, 라니에리가 개입한 덕분에 산 비탈레(San Vitale) 성당에 묻히게 되었고, 피에트로 조르다니가 묘비명을 써 주었다. 그 후 1939년 레오파르디의 유해는 베르길리우스의 무덤이 있는 공원으로 이장되었고 지금도 여전히 그곳에 묻혀 있다.

조르다니가 쓴 묘비명은 다음과 같다.

레카나티 출신 자코모 레오파르디 백작,
오로지 고대 그리스인들과만 비교될 만큼
철학과 문학의 가장 위대한 작가이며,
이탈리아 밖에서도 존경받는 문헌학자였으나,
지속되는 병환으로 인하여
서른아홉 해의 비참한 삶을 마감한 그에게,
일곱 해 동안 마지막 순간까지 사랑하는 친구와 함께한
안토니오 라니에리가 1837년 〔이 묘비를〕 만들었다.

《노래들》에 대해

자코모 레오파르디는 이탈리아 최초의 근대적 시인으로 평가된다. 또한 그는 단테와 더불어 '철학자 시인' 또는 '시인 철학자'라 일컬어질 만큼, 인간의 삶과 현실에 대한 깊이 있는 철학적 성찰을 서정시로 표현해 내었다. 어렸을 때부터 등이 기형적으로 굽을 만큼 공부와 사색에 몰두한 결과는 다양하고도 수많은 글로 나타났다. 《생각들의 잡기》(*Zibaldone di pensieri*, 일반적으로는 그냥 《잡기》로 부른다)가 대표적인 결과물이다. 여기에는 1817년부터 1832년까지 다양한 주제에 대하여 다양한 방식으로 쓴 글들이 실렸는데, 원고가 모두 4,526쪽에 이르는 방대한 분량이다. 그 안에는 레오파르디의 삶과 영혼이 총체적으로 스며들어 있다고 할 수 있다.

이 원고는 레오파르디가 사망한 뒤로 안토니오 라니에리가 다른 원고들과 함께 보관하고 있었는데, 우여곡절 끝에 1898년에서 1900년에 걸쳐 모두 일곱 권으로 출판되었다. 《잡기》에서 드러나는 날카로운 통

찰과 연구의 성과는 자연스럽게 이탈리아를 넘어 여러 탁월한 유럽 사상가들의 관심을 끌었다. 니체는 레오파르디를 19세기의 가장 위대한 산문가이자 이상적인 문헌학자라고 평가하였고, 쇼펜하우어도 그의 뛰어남과 깊이에 감탄을 표하였다.

《도덕적 소품들》(Operetti morali)은 이렇듯 방대한 사색을 요약하여 담아낸 작품이다. 1835년 최종 모습으로 출판된 이 작품은 1824년부터 1832년까지 쓴 24편의 산문으로 구성된다. 내용은 주로 전설이나 역사에 나오는 인물, 살아 있는 사람과 죽은 사람 사이의 대화 형식으로 이루어져 있다. 문장 표현은 명쾌하고 산뜻하며, 대부분 인간의 실존적 문제와 함께 삶과 죽음, 고통과 슬픔, '잔인한 어머니' 자연에 대한 깊이 있는 성찰을 담고 있다. 이를 통해 레오파르디의 염세관이 분명하게 드러난다.

그리고 마침내 이 모든 사색을 서정시로 승화시킨 결실이 바로《노래들》(Canti)이다.《노래들》은 레오파르디가 길지 않은 생애 동안 쓴 여러 시를 엮어 놓은 모음집으로, 모두 41편으로 구성된다. 대략 1817년부터 1836년까지 스무 해에 걸쳐서 다양한 기회에 창작한 시들로, 그다지 많은 수는 아니지만 레오파르디의 삶과 문학을 핵심적으로 표현하고 있다. 그러니까《노래들》의 작품을 이해하고 감상하는 데 필요한 자료는 대부분《잡기》와《도덕적 소품들》에서 확인 가능하다. 특히《도덕적 소품들》과는 밀접한 관계가 있다.《도덕적 소품들》이 인간의 실존에 대한 레오파르디의 견해를 산문 형식으로 해설하고 설명했다면,《노래들》은 이를 운문으로 더 집약하여 표현했다고 말할 수 있다. 그러므로 이 두 작품은 같은 주제를 다른 방식으로 다루면서 상응하는 모습이다.

《노래들》의 형성 과정

《노래들》은 레오파르디가 평생에 걸쳐 쓴 시들로 구성된 만큼 이전에 여러 형태로 출판된 작품들의 모음집이면서도, 이를 부분적으로 수정하고 다듬은 작업의 결실이다. 전체적으로 보면 집필 시기에 따른 순서로 구성된 것처럼 보이지만, 주제나 내용에 따라 새롭게 배치된 부분도 많다.

이 시집의 최종적인 형성 과정은 개략적으로 다음과 같다. 1번 칸초네 〈이탈리아에게〉와 2번 칸초네 〈피렌체에서 준비하는 단테의 기념비에 대해〉는 1818년 로마에서 출판되었고, 3번 칸초네 〈키케로의 책 《국가론》을 발견한 …〉은 1820년에 볼로냐에서 독립적으로 출판되었다. 그리고 1824년 볼로냐 노빌리(Nobili) 출판사에서 10편의 칸초네를 엮은 시집 《칸초니》(*Canzoni*)가 나왔다. 칸초네(canzone, '칸초니'는 복수형이다)는 이탈리아의 전통적 시 형식으로, 보통 11음절 시행과 7음절 시행을 활용하여 다양한 방식으로 운율과 각운을 맞추는 시이지만, 포괄적으로 운문 작품이나 노래를 의미하기도 한다.

이어서 1826년 볼로냐 스탐페리아 델레 무세(Stamperia delle Muse) 출판사에서 《베르시》(*Versi*, 운문을 뜻하는 베르소(verso)의 복수형)를 출판하였는데, 여기에는 여러 편의 전원시와 엘레지, 소네트, 서간문 등이 실려 있었다.

그러다가 1831년 피렌체 피아티(Piatti) 출판사에서 《노래들》 초판이 나왔다. 제목으로 삼은 칸토(canto, '칸티'(canti)는 복수형이다)는 칸초네나 베르소보다 포괄적인 용어이다. 이는 특히 단테의 《신곡》이나 르네상스 시대의 장편 서사시에서 널리 사용되었다. 그리고 이어서 1835년 나폴리 스타리타(Starita) 출판사에서 《노래들》 제2판이 나왔다. 이후 레오파르디가 이 세상을 떠난 뒤인 1845년, 피렌체의 레 모니에르(Le Monnier) 출판사에서 안토니오 라니에리가 편집한 《노래들》 제3판이 출판되었다. 여기에는 1836년에 집필한 미발표 작품〈달넘이〉와〈금작화 또는 황무지의 꽃〉이 추가되어 모두 41편으로 되어 있는데, 이것이 일반적으로 《노래들》의 최종본으로 인정된다.

형식과 내용

레오파르디가 이탈리아 최초의 근대적 시인이면서 동시에 근대를 대표하는 작가로 평가되는 만큼 《노래들》에 실린 작품들은 형식이나 내용 면에서 새롭고 참신한 모습을 보여 준다. 먼저 운문 형식에서 독창적 양식과 문체를 시도함으로써 관심을 끌었다. 그러니까 전통적 운문의 정형성이나 운율 방식을 도식적으로 따르지 않고, 새롭고 자유로운 형식을 시도한 것이다. 이탈리아 시인들은 중세 이후 칸초네를 비롯하여 소네트, 발라드, 마드리갈, 세스티나(sestina) 등 다양한 운문 형식을 가지고 주어진 주제와 상황에 어울리는 작품을 창작할 수 있었다. 대표적인 예로 르네상스 시대의 탁월한 시인 프란체스코 페트라르카(Francesco Petrarca, 1304~1374)는 366편에 이르는 방대한 분량의 시집 《칸초니에레》(*Canzoniere*)에서 그 다양한 운문 형식의 유용성을 실증적으로 보여 주었다.

페트라르카와 달리 레오파르디는 형식에 구애받지 않는 운문을 시도하였다. 특히 칸초네의 경우 전통적 형식에서 과감히 벗어나 이른바 '자유로운 칸초네'(canzone libera) 또는 '레오파르디식 칸초네'를 통하여 새로운 표현 가능성을 실험하였다. 포괄적으로 자유시라고 부를 수 있는 그런 방식은 근대의 시대적 감수성을 반영하기 위한 것으로 추측된다. 이로써 그는 시의 세계에도 근대의 문을 열어 보였다. 그가 이탈리아 최초의 근대적 시인이라 평가받는 이유이다. 뿐만 아니라 그는 운문 형식을 이용한 글쓰기의 지평을 확장하려고 노력하였다. 운문으로 쓴 서간문도 있고, 마치 학술적인 글처럼 당대의 문제에 대한 자신의 인식과 비판적 사상을 표현한 운문 작품도 있다.

하지만 그렇다고 전통적 운문 형식을 완전히 버린 것은 아니다. 오히려 레오파르디는 오랜 전통과 탁월한 문학성을 자랑하는 이탈리아 선배 시인들의 유산을 이어받으면서, 동시에 그 안에 근대의 시대정신을 담아내고자 노력하였다. 예를 들어 단테의 《신곡》을 통해 유명해진 3행 연구(三行聯句)의 형식을 사용한 작품도 있다. 그리고 페트라르카의 문체나 표현 방식을 연상시키는 부분들도 눈에 띈다. 이는 페트라르카의 《칸초니에레》를 나름대로 편집하고 해석하면서 자연스럽게 나타난 현상 같다.

그런 이유에서인지 레오파르디의 작품들은 고전주의를 지향하면서도 실제 내용에 있어서는 낭만주의적 면모를 지닌다. 그의 탁월한 언어감각으로 자아낸 아름다운 시는 낭만주의의 한계조차 넘어선 서정성의 정점이라는 평가를 이끌어 냈을 정도이다. 각 작품에서 노래하는 내용의 다양성도 관심을 끈다. 《노래들》에 실린 작품은 주로 레오파르디의 삶과 관련되어 있으면서도 단지 개인 차원에만 머무르지 않는다. 대부분이 작가 개인뿐만 아니라 보편적 인간의 삶, 더 나아가 자연이 낳는 모든 생명체의 삶과 존재 자체에 대한 비판적 인식 및 성찰로 이어진다.

그런 맥락에서 레오파르디는 시대를 앞선 실존주의의 선구자로 평가되기도 한다.

그뿐만 아니라 정치와 역사를 비롯하여 당대의 여러 가지 문제에 대하여 깊이 있게 고찰하고 비판하는 모습을 보여 주기도 한다. 예를 들어 1번 칸초네 〈이탈리아에게〉는 과거 로마 시대의 위대함을 잃어버린 채 크고 작은 나라들로 분열되어 외세의 지배에 시달리고 있던 당시 이탈리아의 찬란한 부활을 열렬하게 희망하고 촉구한다. 비슷한 맥락에서 2번 칸초네 〈피렌체에서 준비하는 단테의 기념비에 대해〉에서도 과거의 영광을 되살림으로써 무기력해진 이탈리아가 다시 일어나기를 염원한다.

그런 비판적 인식이 이어받고 있는 것은 바로 단테와 페트라르카의 작품에서도 이미 나타났던 관념인데, 마키아벨리(Niccolò Machiavelli, 1469~1527) 역시 《군주론》(Il principe)에서 이를 체계적으로 강조하였다. 그러니까 그들은 이탈리아가 분열되어 서로 싸우는 혼란 상태에서 벗어나 하나로 통일된 나라로 발전하기를 원했던 것이다. 이어서 3번 칸초네 〈… 안젤로 마이에게〉는 레오파르디 자신의 문헌학에 대한 열정을 실증적으로 보여 주는 작품이다. 이 작품에서는 특히 과거 이탈리아의 뛰어난 인물들을 한 명씩 불러내는데, 위대한 조상들을 일깨움으로써 잠들어 있는 이탈리아인들을 깨우고 싶은 심정을 표현한다.

그러면서 한편으로 레오파르디는 당시 유럽을 휩쓸던 근대성에 대해서도 비판의 목소리를 높인다. 예를 들어 〈카를로 페폴리 백작에게〉는 그 무렵 유행하던 것들의 경박함과 위선을 비판하고, 〈지노 카포니 후작에게 보내는 철회의 시〉는 지식인들 사이에 널리 퍼져 있던 진보주의에 대하여 비판한다.

이때 근대의 본질이라고 할 수 있는 이성에 대한 레오파르디의 비판적 입장이 특히 두드러진다. 여러 작품에서 드러나듯이, 인간을 괴롭히는 고통의 근본적 원인은 바로 환상과 상상력을 파괴한 이성과 진리의 발견에 있다는 것이다. 그런 맥락에서 레오파르디는 어렸을 때의 꿈과 상상이 세월의 흐름에 따라 점차 사라지는 것을 아쉬워하기도 한다. 즉, 환상이 기분 좋은 속임수로서 괴롭고 힘든 삶을 달콤하게 만들어 줄 수 있다는 아이러니한 생각이다.

이렇듯《노래들》에는 다양하고 고유한 주제와 내용을 보여 주는 작품들이 배치되었다. 그리고 거기에는 광범위하고 깊이 있는 연구와 사색의 결실이 스며들어 있다. 그런 다양함은 단순한 개인 차원의 서정시 모음집이 자칫하면 빠질 수 있는 단조로움의 함정을 벗어나면서 시집 전체에 활력과 역동성을 부여한다.

레오파르디의 염세관

그런 주제와 소재의 다양함 속에서도 거의 모든 작품의 밑바탕에는 레오파르디의 삶과 인생관이 자리하고 있다. 레오파르디의 삶은 평온과 안식을 찾아 끝없이 떠도는 방황의 연속이었다. 물론 그것은 어렸을 때 어머니의 따스한 사랑을 받지 못하여 생긴 결핍과 척추 기형으로 인한 고통 때문이었을 것이다.

레오파르디의 시들에서 어머니는 대개 부정적 이미지로 표현된다. 대부분 그것은 자연, 그러니까 이 세상의 모든 생명체를 탄생시키는 어머니로서의 자연에 대한 것이지만, 동시에 어린 시절의 아픈 기억과도 분명 연결되어 있다. 자연은 "인간들을 낳은 어머니이면서 / 실제로는 계모"(〈금작화 또는 황무지의 꽃〉 124~125행)라는 것이다. 레오파르디에게 자연과 어머니는 간절하게 원하였지만 결국 원하는 것을 주지 않은 존재였다. 자연은 몸과 마음의 고통에 시달리는 그에게 젊음을 거부하였고, 어머니는 따스한 애정을 기울이지 않았다.

고향 레카나티와의 관계도 그와 비슷하였다. 레카나티는 유럽을 뒤덮은 계몽주의의 물결이나 지성적, 문화적 활력과 격리된 폐쇄적이고 보수적인 지역이었다. 지적 고립감과 심리적 억압에 괴로워하던 레오파르디는 고향을 벗어나면 넓은 세상에서 이상적이고 행복한 삶을 찾을 수 있으리라고 기대하였다. 그런 희망을 품고 몇 번 고향을 떠났으나 결국 매번 환멸감과 장벽에 좌절하는 것으로 끝났다. 로마, 밀라노, 볼로냐, 피사, 피렌체 등을 끝없이 떠돌았던 그는 어디에서도 평온함을 찾지 못하고 다시 고향으로 돌아오곤 하였다. 이후 나폴리에서 라니에리 남매의 보살핌으로 마침내 약간의 안정과 평온을 찾았지만, 그마저 오래가지 못하고 결국 삶을 마감해야 했다.

그럼에도 가장 사랑받는 작품이 대부분 레카나티에서 탄생했다는 사실은 레오파르디의 이중적 심리 상태를 보여 주는 듯하다. 그러니까 그는 어머니와 고향에 대하여 상반되는 감정, 즉 사랑과 증오를 동시에 품고 있었던 것처럼 보인다. 아니면 괴롭고 힘든 상황이 역설적으로 순수하게 정화되고 승화된 작품을 탄생시켰는지도 모른다.

거기에다 이루지 못한 사랑의 아픔도 있었다. 레오파르디에게 사랑은 또 다른 고통의 원천이 되었을 뿐이다. 그중 하나는 〈첫사랑〉에서 노래하는 예기치 않은 사랑이다. 이는 1817년 12월 아버지의 사촌 제르트루데 카시(Gertrude Cassi)가 레카나티를 방문하였을 때 거의 돌발적으로 그녀를 사랑하게 되면서 쓴 작품이다.

그리고 가장 격렬하고도 가장 큰 실망을 안겨 준 사랑은 다섯 편으로 이루어진 이른바 '아스파시아(Aspasia) 연작시'에서 극적인 드라마처럼 이야기된다. 1830년 피렌체에 머무르고 있던 레오파르디는 당시 상류 계층 사람들과 지성인들이 출입하던 살롱에서 유명했던 귀부인 파니 타르조니 토체티(Fanny Targioni Tozzetti)를 보고 열정적인 사랑에 빠졌고, 두 해 동안 온갖 노력을 기울였으나 끝내 그녀의 사랑을 받지는 못하였다. 파니의 무관심과 냉대에 좌절한 레오파르디는 그녀를 가리켜 '아스파시아'라고 불렀다. 아스파시아는 기원전 5세기 밀레토스 출신 여인으로, 페리클레스의 연인이기도 했다. 그녀의 가르침은 소크라테스를 비롯한 탁월한 사상가들과 작가들에게 영향을 주었는데, 일부는 그녀가 창녀였다고 주장하기도 했다.

레오파르디는 파니의 사랑을 받지 못한 자신의 열정이 환상이자 꿈이었다고 자책하면서 그녀를 비난하고 폄훼하였다. 심지어는 거기에서 멈추지 않고 여자들은 아름다워도 지적으로 열등하다는 무분별한 비난을 덧붙이기까지 하였다. 사랑이라는 마지막 환상이 깨지면서 레오파르디의 실망과 좌절감이 극도에 이른 것이다.

그런 경험은 삶에 대한 비관적 인식을 더욱 강화하는 요인이 되었다. 더구나 끝없는 육체적 고통에 시달리던 레오파르디에게 삶은 부정적인 것, 거부해야 할 것으로 보일 수밖에 없었다. 그에게 삶은 단지 고통일 뿐이었고, 거기에서 염세관이 형성된 것은 당연한 결과였을 것이다. 레오파르디의 염세관은 자살을 옹호하는 데서 그치지 않았으며, 그 스스로 자살을 시도할 정도로 뿌리 깊은 관념이었다.

《노래들》에서 드러나는 고통의 관념은 매우 광범위하고 포괄적이다. 이는 레오파르디 개인의 비극적 상황과 경험에서 출발하여 지상의 모든 생명체 존재가 고통의 삶을 살아간다는 인식, 즉 보편적 고통의 관념으로 이어졌다. 물론 처음부터 그렇게 생각한 것은 아니지만, 두세 번의 인식 전환을 통해 이렇듯 극단적인 인식이 형성되었다.

초기의 레오파르디는 자기 고통과 불행을 단지 개인적인 것으로 인식하여 자신은 불공평한 자연의 희생자라고 생각하였다. 그러니까 자연은 다른 사람들에게 젊음이라는 선물을 주면서, 자신에게는 주지 않았다는 것이다. 이러한 관념은 〈외로운 참새〉에서 분명하게 드러나는데, 이 시는 비교적 후기에 쓰였지만 1819년 무렵에 이미 착상된 듯 보인다.

그러나 그는 여기에서 머무르지 않고 한 걸음 더 나아간다. 그리하여 개인의 차원을 넘어서서 주위를 둘러보면 다른 사람들에게서 행복과 즐거움처럼 보이던 것도 결국 헛된 환영에 불과하다고 생각하게 되었다. 간단히 말해 고통은 모든 사람에게 보편적이고 숙명적으로 부여되었으며, 행복이란 단지 희망 안에 있을 뿐 그 행복에 도달했다고 생각하는 순간 금세 사라지고 실망과 권태만 남는다는 인식이다. 그런 관념은 〈마을의 토요일〉에서 분명하게 나타난다.

그럼에도 레오파르디의 염세관은 확장을 멈추지 않았다. 〈아시아 유랑 목동의 야상곡〉에서 드러나듯이, 단지 인간뿐 아니라 동물들도 고통 속에 살아간다는 생각으로 이어진 것이다. 그는 이러한 고통의 원인이 자연에 있다고 생각하였다. 만물의 어머니 자연은 물질의 창조와 파괴라는 영원한 순환 과정을 되풀이할 뿐, 계모처럼 자기가 낳은 생명체를 방치함으로써 모든 고통과 불행, 슬픔의 원인이 된다는 인식이었다. 더구나 자연이 다른 생명체에 비하여 인간을 특별히 더 사랑하지도 않는다고 여기기도 하였다. 즉 〈금작화 또는 황무지의 꽃〉에서 강조하듯이 자연은 인간을 초라한 개미나 연약하고 힘없는 초목보다 더 공들여 돌보지 않는다는 것이다.

그렇다고 《노래들》에서 자연이 단지 세상의 모든 생명체를 지배하는 사악하고 적대적인 존재로만 등장하지는 않는다. 관조와 흠모의 대상이 되는 자연, 비록 이제는 순수한 아름다움을 잃었어도 여전히 서정적 기능을 하는 자연이 그의 작품들에 빛과 따스함을 부여하고 있다. 예를 들어 〈무한〉에서는 자연과 자아의 총체적이고 완벽한 합일을 추구한다. 〈무한〉은 15행의 비교적 짧은 시인데, 《노래들》에서 가장 널리 애송되는 작품이다. 여기에서 레오파르디는 자연의 광대한 무한함에 온전히 몸과 마음을 맡기는 황홀한 순간을 노래한다. 모든 고통을 초월하고 체념한 것처럼 무한함의 바다에서 난파당하듯이 빠져들어 하나가 되는 순간은 오히려 달콤하다고 고백한다.

죽음을 앞두고 남긴 〈금작화 또는 황무지의 꽃〉은 레오파르디의 정신적 유언으로 평가되는데, 여기에서는 보잘것없는 생명체의 위대함을 찬양한다. "무서운 파괴자 / 베수비오 화산"의 황량한 기슭에서도 연약하고 힘없는 금작화는 향기로운 꽃을 피운다. 그런 금작화의 의연하고 당당한 모습에서 레오파르디는 생명에 대한 불굴의 의지와 존재의 의미를 발견한다. 이 꽃을 향한 그의 노래는 자연의 파괴적 폭력에도 아랑곳하지 않고 초라해 보이지만 위대한 삶을 살아가는 지상의 모든 존재에게 보내는 찬사처럼 보인다.

그리고 더 나아가 그는 사악한 자연에 대항하는 사회적 유대를 통하여 시민적 공존을 회복함으로써 진정한 사랑으로 결속된 사람들의 사회가 복원되기를 희망한다. 일부 학자는 여기에서 레오파르디의 정치 사상에 대한 논의를 끌어내기도 한다. 어쨌든 모든 생명체에게 고통은 보편적이라는 관념 속에서도 레오파르디의 염세관은 절망이나 냉소에 머무르지 않고, 고통을 삶의 본질적 조건으로서 오롯이 받아들이며 희망을 찾는다. 고통으로 인한 염세관이 오히려 너그러운 포용으로 승화된 것 같다. 이렇듯 《노래들》에서 드러나는 레오파르디의 삶에 대한 성찰, 염세관 속의 한 줄기 희망은 강렬하면서도 따스한 빛을 우리에게 던져 준다.

레오파르디 연보

1798	이탈리아 중동부의 소도시 레카나티에서 10남매 중 장남으로 태어남(6월 29일). 아버지는 모날도 백작, 어머니는 아델라이데 안티치.
1800	가족들 가운데 가장 믿고 의지했던 누이동생 파올리나가 태어남(10월 6일).
1807	성직자 가정교사들에게 지도받기 시작함.
1809	아버지의 도서관에서 '절망적이고 미친 듯한 공부' 시작, 고대 언어와 철학에 몰두함. 시와 산문을 습작하고, 호메로스와 베르길리우스의 작품을 번역함.
1812	가정교사들이 교육을 포기한 뒤 독학하기 시작함.
1815	척추가 휘고 등이 굽으면서 극심한 신체적·정신적 고통에 시달림.
1816	'문학적 전향'으로 현학적인 공부보다 문학 연구와 창작에 집중하기 시작함.
1817	고전 연구자이며 작가 피에트로 조르다니와 편지를 주고받기 시작. 이 시기부터 《생각들의 잡기》의 글들을 쓰기 시작하여 언어, 문학, 철학, 자연 등에 대한 방대한 분량의 사유를 기록함(1832년까지 지속).
1818	마부의 딸 테레사 파토리니의 죽음. 이 기억은 훗날 〈실비아에게〉로 형상화됨.
1819	시대에 뒤떨어진 고향 레카나티를 떠나려고 했으나 아버지의 반대로 실패함. 대표작 〈무한〉을 집필함.
1822	고향을 떠나 로마로 갔으나 타락하고 천박해진 로마에 실망하고 귀향.
1824	첫 시집 《칸초니》 출판(볼로냐).
1825	출판사의 초청으로 밀라노에 갔으나(7월) 기후가 맞지 않아 볼로냐로 이주.
1826	두 번째 시집 《베르시》 출판(볼로냐).

1827	피렌체와 피사를 오가며 생활. 방대한 사색을 요약한《도덕적 소품들》초판 출간. 철학적 비관주의가 형성됨.
1828	건강과 집안 문제들로 귀향. 〈추억〉, 〈폭풍 뒤의 고요〉, 〈마을의 토요일〉, 〈아시아 유랑 목동의 야상곡〉 등《노래들》의 주요 서정시들을 집필함.
1830	피렌체에 돌아가 지식인들과 교류함(4월). 귀부인 파니 타르조니 토체티를 사랑하게 됨. 안토니오 라니에리와 만나 깊은 우정을 맺음.
1831	시집《노래들》초판 출판(피렌체).
1833	라니에리를 따라 나폴리에 정착하고, 라니에리 남매의 보살핌 속에 평온하게 생활함.
1835	《노래들》제2판 및《도덕적 소품들》최종판 출판(나폴리).
1836	콜레라를 피해 베수비오 화산 기슭의 별장에서 머무르며 〈금작화 또는 황무지의 꽃〉과 〈달넘이〉를 집필함.
1837	나폴리에서 갑작스러운 건강 악화로 사망(6월 14일).
1845	안토니오 라니에리가 편집한《노래들》최종판 출판(피렌체).
1898~1900	우여곡절 끝에 방대한 원고들을 집대성한《생각들의 잡기》가 최초로 출판되어 레오파르디의 철학과 시론, 사상 전반이 본격적으로 조명되기 시작함.

지은이·옮긴이 소개

지은이_자코모 레오파르디 (Giacomo Leopardi, 1798~1837)

이탈리아의 소도시 레카나티에서 태어난 시인이자 사상가다. 유서 깊은 귀족 가문 출신으로, 성직자 가정교사들의 지도 아래 아버지의 도서관에서 일찍이 고전 문헌과 언어에 몰두했다. 10대 초반에 고전 라틴어·그리스어·히브리어를 독학으로 통달하고 고전 작품을 번역할 만큼 비범한 재능을 보였지만, 과도한 학업과 폐쇄적인 생활로 성장기에 척추가 휘는 등 병약해졌다. 평생토록 이어진 신체적 고통, 좌절된 사랑 속에서 로마, 피렌체, 볼로냐, 나폴리 등을 전전하면서도 창작을 멈추지 않았다. 그는 고전의 유산을 근대로 잇고 인간의 숙명적 고통과 상실, 자연의 무심함을 서정적 언어로 그려 냈다. 섬세한 감각과 깊은 철학적 사색이 결합된 시들은 고전과 낭만의 경계에서 독창적인 세계를 형성했다. 길지 않은 생을 살았지만, 그는 오늘날까지도 사랑받으며 단테 이후 가장 중요한 이탈리아 시인으로 평가받는다. 대표작으로 시집《노래들》, 철학적 대화집《도덕적 소품들》, 다방면에 걸친 사유들을 집대성한《생각들의 잡기》가 있다.

옮긴이_김운찬

한국외국어대학교 이탈리아어과와 동 대학원을 졸업하였으며, 이탈리아 볼로냐대학교에서 움베르토 에코의 지도를 받아 화두(話頭)에 대한 기호학적 분석으로 박사학위를 취득하였다. 1991년부터 2022년까지 대구가톨릭대학교 교수로 일하였고 지금은 명예교수다. 지은 책으로《현대기호학과 문화분석》,《신곡 읽기의 즐거움》,《움베르토 에코》가 있고, 옮긴 책으로 단테의《신곡》,《향연》, 페트라르카의《칸초니에레》, 아리오스토의《광란의 오를란도》, 타소의《해방된 예루살렘》, 에코의《논문 잘 쓰는 방법》,《이야기 속의 독자》,《일반 기호학 이론》,《문학 강의》, 칼비노의《우주 만화》,《교차된 운명의 성》, 파베세의《달과 불》,《레우코와의 대화》,《피곤한 노동》, 비토리니의《시칠리아에서의 대화》등이 있다.